포커

알면 이길 수 있다

2

이윤희의 포커 아카데미 시리즈

포커 알면 이길 수 있다 ❷ 〈세븐오디〉 공갈·운영편

1판 1쇄 발행 2019년 4월 30일
지은이 이윤희

펴낸이 배호진 | **펴낸곳** 도서출판 여백
주소 서울시 용산구 원효로 153, 8층 858호 [04363]
전화 02-798-2368 | **팩스** 02-6442-2296
이메일 ybbook1812@naver.com
출판등록 2018년 12월 18일 제 2002-000076호

ISBN 979-11-966036-2-5 04690
ISBN 979-11-966036-0-1 04690 세트

이 도서의 국립중앙도서관 출판사도서목록(CIP)은 서지정보유통지원시스템 홈페이지(http://seoji.nl.go.kr)와
국가자료공동목록시스템(http://www.nl.go.kr/kolisnet)에서 이용하실 수 있습니다.
CIP제어번호 : CIP2019011864

이윤희의 포커 아카데미 시리즈

포커

알면 이길 수 있다

2

세븐오디

공갈 · 운영편

도서출판
여백

| 차례 |

운영편

재미있는 포커 이야기

최고의 전략은
기다림 (인내)...

필자는 포커게임을 인내와 선택의 게임이라고 자신 있게 말한다. 이 두 가지야말로 포커게임에서 없어서는 안 될, 가장 중요한 요소이기 때문이다.

우리의 인생 자체가 크고, 작은 끊임없는 선택의 연속이고, 포커 역시 마찬가지라는 사실에 대해서는 앞서 이미 언급한 바 있기에 반복해서 이야기하지 않겠다. 그렇기에 여기서는 다른 한 가지 절대적 요소인 인내에 대해 여러분들에게 말씀드리겠다.

'참을 인(忍)자 3개면 살인도 피한다'는 말을 모르는 사람은 없으리라.

지금의 말처럼 거의 대부분의 화가 인내 부족, 그리고 한 가지가 더 있다면 과욕에서부터 기인된다면 필자의 지나친 억측일까?

억측이든, 아니든, 우리의 삶에 있어 인내라는 단어가 너무도 크고, 중요하고, 많은 의미를 가지고 있다는 점에 대해서는 아무도 부정하지 않을 것이다.

이 세상 어떤 종류의 경쟁에서도 남들보다 앞서 나가기 위한 절체절명의 요소 중 한 가지가 바로 자신과의 싸움에서 이길 수 있어야 한다는 점이다.

그랬을 때 자기 자신과의 싸움에서 이긴다는 것은 인내를 의미한다.

불필요한 주변의 유혹과 자신의 욕망을 뿌리치고 이겨낼 수 있는 것이 자신을 통제하는 자제력이고, 그 자제력이 바로 인내라는 것이다.

그렇기에 자기 자신에게 이기지 못하는 사람은 자신을 통제하고 자제하지 못하는 사람이며, 이런 사람은 결코 남들보다 앞서 나가기 어렵다는 뜻이다.

그리고 이런 인내는 포커게임에서도 예외 없이 적용되며, 포커게임의 고수가 되기 위해 필요한 인내는 너무도 여러 가지 종류가 있다.

그러면 포커게임에서 고수가 되기 위해 필요한 인내에는 어떤 것들이 있는지 알아보자.

❖ 포커 게임에서 필요한 인내

① 한 장 더 보고 싶은 것을 참는 인내

포커 게임에서 전혀 희망이 없는 경우가 아니라면 다음 카드를 보고 싶지 않은 사람은 없을 것이다. 하지만 보고 싶은 카드를 매번 본다면 결코 이길 수 없다. 보고 싶은 마음을 다스리고 참을 줄 알아야 한다.

② 공갈 확인하고 싶은 것 참는 인내

어느 정도의 족보를 가지고 있을 때, 상대가 베팅이나 레이즈를 해 오면 어떤 카드를 가지고 있는지, 공갈은 아닌지 확인하고 싶은 기분이 드는 건 누구나 똑같지만 이런 마음도 다스려야 한다.

③ 공갈 시도하고 싶은 것 참는 인내

공갈로서 승리를 가져오는 것이야말로 포커게임이 가지고 있는 가장 큰 매력이자 또한 함정이다. 그러나 공갈을 즐기는 사람은 결코 게임에서 이길 수 없다고 감히 단언한다.

④ 게임 더 하고 싶은 것 참는 인내

어느 정도 돈을 잃고 있고, 주머니에 돈이 남아 있다면 누구라도 게임을 더 하고 싶은 것은 인지상정이다. 그러나 게임이 안 풀리는 날이라고 느낀다면 더 하고 싶은 마음을 자제하고 다음을 기약해야 한다.

⑤ 자신의 흐름 기다릴 수 있는 인내

하루 종일 한 사람에게만 행운이나 불운이 이어지는 건 1년에 불과 몇 번 있을까 말까 할 정도이다. 게임의 흐름이 자신에게 안 좋다고 느껴지면 무리하지 말고 자신의 때가 오기를 기다려라.

⑥ 구찌, 신경전에 말리지 않는 인내

여러분의 성적이 좋을 경우, 여러분의 플레이에 대해 상대들이 트집을 잡으며 신경을 건드리는 일은 생각보다 자주 일어난다. 하지만 여러분이 규정된 룰을 어기는 것이 아닌 한 상대의 어떤 공격에도 흔들려선 안 된다.

⑦ 호기 부리고 싶은 것 참는 인내

'베팅 화끈하네요.', '게임 시원 시원하네요' 라는 식의 칭찬에 현혹되어 오버 플레이를 하는 것은 절대 금물이다. 그 테이블에서 좋은 성적을 못 거두고 있을 때라면 그런 말은 칭찬이 아니라 비웃는 것이다.

이처럼 포커게임에서 고수가 되기 위해 필요한 인내는 여러 가지가 있다. 그랬을 때 대부분의 사항이 타이트한 운영이나 마음가짐이라고 볼 수 있다. 즉, 콧구멍 스타일의 운영이나 마음가짐이라는 것이다. 그렇기에 어찌 보면 '인내 = 콧구멍 스타일'이라고 보아도 크게 틀리지 않는다. 그리고 7가지 모든 인내가 전혀 실행하기 어렵지 않은 것들이다. 그러나 실제로는 거의 모든 사람들이 지키지 못하고 있으니 인내가 부족한 것이고, 성적이 안 좋을 수밖에 없는 것이다.

지금까지 게임에서 항상 성적이 안 좋은 하수들은 '인내'라는 한 마디 단어만 명심해도 몰라보게 성적이 좋아지리라고 필자가 감히 장담한다. 그리고 중급 이상의 실력자들에게도 인내라는 단어가 절대적으로 필요하다는 사실은 예외가 아니라는 점을 명심해야 한다.

물론 콧구멍을 파지 않고 람보 스타일로 이길 수만 있으면 굳이 콧구멍을 팔 필요가 없다. 하지만 좋은 성적을 내지 못한다면 한시 빨리 베트콩 스타일로 돌아가라. 그래서 처절하게 콧구멍을 파며 인내심을 기르는 것만이 험하고 험한 포커 세계에서 살아남을 수 있는 유일한 방법임을 깨달아야 한다. 최고의 전략은 인내, 즉 기다림이라는 것이다.

그렇다면 최고의 전략은 기다림이라는 것은 무슨 의미일까?
① 자신의 때 기다려라. ② 타이트한 운영해라. 이 2가지로 요약할 수 있다.

① 자신의 때 기다려라
이것은 작은 의미로는 게임이 잘 안 되는 타임을 적은 피해로 잘 버티며 자신의 때가 오기를 기다리라는 뜻이고, 큰 의미로는 게임이 잘 안 되는 시기에는 게임의 시간과 회수를 최소로 줄이라는 것으로 받아들이면 된다.
우리의 일상생활에서도 바이오리듬이 있듯이 포커에도 내리막과 오르막이 있는 것은 당연하다. 그래서 일류 실력자들도 내리막을 탈

때는 게임을 피할 정도이다.

게임 흐름이 나쁠 땐 천하 없는 고수도 고전한다는 뜻이다. 게임이 안 풀리고 꼬이는 것은 물론, 게임 외적인 부분에서도 이것저것 생각지도 못한 방해가 들어오는 법이다.

반대로 게임 흐름이 좋을 땐 패가 와서 척척 달라붙고 의외의 행운도 찾아온다.

그렇다면 어느 시기에 게임을 피하고 어느 시기에 승부를 해야 하는 지는 말 할 필요도 없으리라.

② 타이트한 운영해라

이것은 단 한마디로 '승부하는 패 자체를 줄이고 가능한 초기에 패를 빨리 던져라'라는 뜻이다. 이 말과 관련해서는 '많이 죽을수록 승률은 올라간다', '5구에 선택해라' 등 이미 수없이 반복해서 강조해 왔다.

여러분이 돈을 잃어도 괜찮다는 마음으로 게임을 하는 게 아닌 한, 테이블에 앉는 순간 제1번 목표는 언제나 웃으면서 일어설 수 있어야 한다는 것뿐이다. 이겨야 한다는 한 가지만 생각하라는 것이다. 그리고 나서 여러분이 테이블에서 웃으면서 일어설 수 있는 실력과 성적을 갖춘 다음에 여러분이 하고 싶은 모든 플레이와 행동을 하라는 것이다.

공갈편

1장

공갈을 치는 법

거짓말처럼 순식간에 승자와 패자를 바꾸어버리는 공갈(블러핑, 뻥끼). 지고 있는 패로 상대의 승리를 빼앗아 오는 공갈이야말로 포커게임만이 가지고 있는 특징이다.

포커게임을 하는 데 있어서 공갈은 정말로 필요악이다. 이 공갈이라는 것이 있기 때문에 포커게임이 한층 더 어려워지고, 재미있어지고, 또 실력 차이가 크게 작용하게 된다.

자신의 패가 상대의 패보다 나쁜데도 베팅으로써 상대를 누르고 이길 수 있다는 것이 바로 포커게임의 가장 큰 매력이면서 동시에 가장 큰 함정이기도 하다.

그렇다고 해서 자신의 패가 상대보다 나쁜데 항상 공갈로써 이길 수는 없다. 그렇기에 어떤 시기에, 어떠한 상황에서 유효적절하게 사용하여 소기의 목적을 달성하느냐가 가장 중요한 문제이다.

공갈을 적재적소에 잘 사용하고, 상대의 공갈을 정확하게 체포할 수만 있다면, 누구라도 포커게임에서 백전백승 할 수 있을 텐데….

그러면 일류 갬블러들이 '포커게임의 꽃'이라고 이구동성으로 말하는 공갈이라는 것의 정체에 대하여 하나하나 알아보기로 하자.

공갈은 크게 '내가 공갈을 치는 경우'와 '상대의 공갈을 체포하는 경우', 이 두 가지로 나눌 수 있다. 그러면 먼저 '내가 공갈을 치는 법'에 대해 알아보자.

가장 효과적이고 유효적절하게 공갈을 치려면 어떤 경우에라도 기본적으로 알아두어야 할 두 가지 중요한 사항이 있다.

① 공갈은 반드시 레이즈를 하며 시도해야 한다.
② 공갈은 반드시 상대의 성격과 게임 스타일을 파악한 후 그에 맞추어 사용해야 한다.

이 두 가지는 공갈의 성공 가능성을 높이기 위한 기본요소로서 반드시 기억하고 있어야 할 아주 중요한 사항이다.

우선 ①은 공갈의 위력이 바로 공포감을 조성할 수 있어서 상대에게 몹시 큰 부담과 위협을 느끼게 한다.

특히 그것이 6구라면, 상대의 입장에서는 히든에서의 베팅이 또 부담이 되기 때문에 웬만큼 좋은 카드라 할지라도 기권하는 경우가 나올 수 있다.

그런데 특히 6구에서는 상대가 앞에서 체크 또는 삥으로써 부담

없이 나올 때는 가능한 한 공갈 베팅을 하지 않아야 한다. 이것은 일단 상대가 베팅을 하고 나온 상황에서의 레이즈가 아니기 때문에 상대에게 아주 강렬한 인상을 주지 못하며, 그것은 결국 상대가 끝까지 콜을 하고 확인할 가능성이 그만큼 높아진다는 뜻이 된다.

그리고 ②는 상대가 탱크처럼 확인을 잘하는 사람이라면, 절대로 그러한 사람을 공갈의 대상으로 잡지 말라는 의미이다. 이것은 아주 쉽고 간단한 이론이지만, 게임을 하면서 상대의 게임 스타일을 조금이라도 빨리 파악하는 것이 아주 중요한 조건이 되겠다.

그러며 이제부터 이 두 가지 기본이론을 바탕으로 여러 가지 형태의 공갈의 요령과 공갈을 시도할 수 있는 상황에 대해 케이스별로 알아보기로 하자.

 ## 6구에서 – 자신의 액면이 나쁠 때(고수에게), 자신의 액면이 좋을 때(하수에게) 공갈을 시도하라

액면이 나쁠 경우에는 자신의 액면에 메이드 가능성이 거의 없는 상황이기 때문에 결국 자신의 패를 트리플이나 하이 투페어로 인정해달라는 뜻이다. 그렇기에 공갈을 치기 전에 자신의 액면에 깔려 있는 숫자들이 여러 상대방들의 액면에 어느 정도가 빠져 있는

가를 반드시 확인하고서 '공갈을 시도 할 것인가, 말 것인가'를 결정해야 한다.

그리고 이 때 한 가지 아주 중요한 점은, 상대의 액면이 이미 메이드가 되어 있을 수 있는 상태라면(특히 플러시 3장) 오히려 그쪽에서 또다시 레이즈가 나올 수도 있으니, 그런 때는 공갈을 시도할 좋은 시기라고 할 수 없다.

이와 같은 상황을 잘 파악한 후 레이즈로써 공갈을 시도하면, 고수들일수록 6구 메이드나 트리플, 하이 투페어 등과 같은 좋은 카드가 아닌 이상 80~90% 정도는 기권하게 된다고 생각해도 무방하다.

왜냐하면 고수들일수록 자신이 조금이라도 불리한 상황이라고 판단되면 히든에서 또 베팅을 맞아야 한다는 부담감 때문에 승부를 피하므로, 공갈을 치는 당신의 카드를 '저건 공갈이야'라고 판단하지 않는 한 승리는 당신의 것이 될 확률이 높다.

자신의 액면이 좋은 경우는 앞의 경우와는 정반대이다. 하수들은 상대의 액면에 별 볼 일 없는 패를 깔아놓으면 웬만해서는 인정하려 하지 않으며, 그 반면에 상대의 액면이 좋으면 그것은 웬만하면 인정을 해버리기 때문이다.

그렇기 때문에 하수들에게는 6구까지 자신의 액면이 좋을 때 6구에서 레이즈로써 공갈을 시도해야 한다. 하지만 고수들에게는 6구까지 자신이 액면이 좋다고 하여 공갈을 시도했을 때, '정말 플러시가 있긴 있는 거야?'라는 식으로 체포되는 경우가 종종 있다는 점을 잊어서는 안 된다.

물론 고수라도 공갈을 잡아내는 것에는 위험부담이 많이 따르기에 매번 잡아낼 수는 없지만, 아무튼 6구에 자신의 액면이 좋을 때와 나쁠 때의 이론에 근거하여 공갈을 시도하는 것이 성공 확률을 조금이라도 높이는 방법이라는 것만은 명심하기 바란다.

 모르는 사람들과 처음 게임을 할 때는 첫째 또는 둘째 판에 바로 공갈을 한 번 시도해본다(그러한 인식을 준다)

이것도 상당히 의미가 있는 이야기다. 서로 잘 모르는 상대들과 어울려서 게임을 하게 되면 어느 정도 시간이 지나기 전까지는 서로의 스타일을 잘 모르기 때문에 시작하자마자 바로 공갈을 한두 번 시도해보는 것도 여러 가지 면에서 상당히 의미가 있는 방법이다.

운이 좋아서 성공하게 되면 한두 판을 잘 챙기게 되는 것이고, 만약에 실패를 하더라도 상대방들에게 '아, 저 사람은 공갈이 좀 있구나'라는 인식을 주게 된다.

따라서 그 판 이후로는 공갈을 거의 하지 않고 정상적으로 좋은 카드가 들어왔을 때만 베팅을 하여도 처음에 밑밥을 뿌려놓은 효과가 강하게 박혀 있기 때문에 어렵지 않게 히든카드에 가서의 콜을 받을 수 있게 된다는 것이다.

히든카드에 가서의 한 번의 베팅과 콜의 중요성은 앞에서 이미 다룬 바가 있기에 여기서는 지면 관계상 중복되는 설명은 생략한다.

여기서 우리가 한 가지 더 알고 넘어가야 할 것은, 상대방들이 자신을 '공갈이 있는 사람'이라고 인정할 때는 가능하면 공갈을 치지 말아야 하며, 반대로 상대방들이 자신을 '공갈이나 무리한 베팅이 거의 없고 타이트하게 게임을 운영하는 사람'이라고 인정할 때는 적당한 찬스를 잡아 가끔 공갈을 시도해볼 가치가 있으며 또 반드시 효과도 크다는 사실이다.

결국 상대방들이 처음에 자신을 판단할 수 있도록 자신의 스타일을 어느 쪽으로든 인식시켜 놓은 후에, 그 다음부터는 철저하게 그 반대 방향의 스타일로서 게임을 운영해 나가는 것도 좋은 방법이라는 뜻이다. 물론 이러한 작전이 어느 정도 시간이 지나면 차차 드러나게 되겠지만, 적어도 그때 까지는 여러분에게 적지 않은 열매를 선물할 것이 틀림없다.

포커게임이라는 것이 자신의 패가 아주 훌륭하고 좋을 때는 안 그런 척하여 많은 손님을 상대로 큰 판을 만들어서 이겨야 하고, 실제로 자신의 패가 별 게 없을 때는 이기기 위해서라면 아주 좋은 척 판을 휘저어서 상대들을 모두 기권시켜야 하는 게임이다. 따라서 자신이 어떤 카드를 가지고 있는지를 상대방의 눈에는 카멜레온과 같이 변신시켜야 한다.

 ## 공갈을 시도하기 좋은 액면(나의 액면)

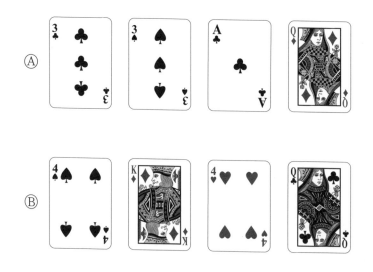

위의 그림 Ⓐ와 Ⓑ는 거의 같은 종류의 카드이다. 자신의 액면에 낮은 원 페어와 하이 카드(A, K 등)가 깔려 있어서 대부분의 사람들이

A투페어 혹은 K투페어로 보기 쉬운 상황이다.

물론 이 경우에 상대의 카드를 A투페어나 K투페어보다 높은 카드로 보았을 경우에는 공갈을 시도하지 말아야 하는 것은 너무도 당연하다.

하지만 포커게임의 대부분의 평범한 판(특히 사람 수가 적을수록)은 하이 투페어로 꽤 많은 승률이 있기 때문에 Ⓐ, Ⓑ와 같은 액면을 깔아놓았을 때는 상대방의 카드가 특별히 좋아 보이지 않는 경우에는 공갈을 시도해볼 만한 찬스이고, 또 실제로 성공률이 상당히 높다는 것을 스스로가 느끼게 될 것이다.

여기서 우리는 공갈에 대한 가장 중요한 사실 한 가지를 알고 넘어가야 한다. Ⓐ, Ⓑ의 경우와 같이 A투페어(혹은 K투페어)로 보아달라고 공갈을 시도하는 것은 결국 상대방의 카드가 A투페어(혹은 K투페어)에게 이기지 못하는 별 볼 일 없는 카드일 때에만 통할 수 있다는 사실이다.

'상대방 카드가 별 볼 일이 없다', 이것은 상당히 중요한 의미가 있다. 공갈의 가장 기본적인 원칙은, 상대방들의 카드가 별 게 없다고 보았을 때 과감하게 시도해야 한다는 점이다.

물론 아주 고수들의 경우라면 큰판이 형성되었을 때 멋진 레이즈로써 상대의 메이드를 죽이려고 하는 고차원적인 공갈도 시도하지만 그것은 특별한 경우의 이야기이고, 또한 상당히 위험부담이 큰

모험이기 때문에 몹시 신중하게 생각해야 한다. 이것에 대해서는 뒤에서 다시 한 번 다룰 기회가 있으므로 그 때 또 상세히 설명하기로 하자.

아무튼 공갈의 기본은 '상대의 카드가 별 게 없다고 판단될 때 과감하게 시도해야 한다'는 점을 명심하기 바란다.

투페어는 공갈을 시도하지 않는 카드

공갈을 시도하는 데 있어서 자신에게 백해무익한 경우가 바로, 히든에 투페어를 가지고 공갈을 시도하는 것이다. 투페어를 가지고 공갈을 시도한다는 것은 상대가 그 이상의 카드(하이 투페어, 트리플이상)를 가지고 있을 때 공갈로써 죽이려고 하는 것인데, 그것은 무리라는 뜻이다.

그러니까 투페어에게 이길 만한 카드는 공갈을 쳐도 웬만해선 죽지 않으며, 또 상대의 카드가 투페어를 이기지 못하는 카드라면 어차피 공갈의 의미는 전혀 없기 때문이다.

물론 이것 역시도 공갈을 시도하기 좋은 액면(나의 액면)의 경우에서 설명했던 것과 같이 큰 승부가 걸린 엄청나게 큰 판의 경우라면 상황이 다르긴 하지만, 일반적인 상황에서는 절대로 금물이다.

그렇기 때문에 우리는 여기서 또 한 가지 무지무지하게 중요한 사실을 깨달아야 한다.

'투페어는 공갈을 시도하지 않는 카드'라는 말을 잘 음미해보면, 히든에 베팅을 한다는 것은 결국

① 투페어 이상의 높은 카드를 갖고서 상대의 콜을 받으려고 하는 경우

② 투페어가 되지 않기 때문에 공갈을 치는 경우

무조건 ①, ②의 둘 중 한 가지 경우이다.

나는 높은 패를 한 번 잡기가 그렇게 어려운데 상대방이라고 해서 쉽게 높은 카드를 잡을 수 있는 것은 결코 아니다. 그렇다면 분명히 상대방이 어느 때인가 공갈을 시도하고 있다는 이야기가 된다.

그런데 가장 중요한 점은 상대가 공갈을 시도하는 것이라고 한다면, 그것에 맞서는 나의 카드는 A원페어(혹은 K원페어)등의 하이 원페어로서 충분하다는 사실이다. 거의 대부분의 하수들은 "아휴, A원페어에서 마르네…, 투페어만 뜨면 콜인데…."라며 패를 꺾는다. 그런데 이것이야 말로 가장 어리석은 짓이라는 걸 조금 전의 설명으로써 이제는 깨달아야 한다.

상대가 히든에 뻥을 하고 나왔을 경우라면, A원페어에서 A투페어를 뜨는 것은 승패와 바로 직결되는 상황이라고 볼 수 있다. 하지만

상대가 히든에서 베팅을 하고 나왔을 경우라면, 그 때는 이미 A원페어나 A투페어의 차이는 거의 없다고 봐도 무방하다. 왜냐하면 상대가 공갈이 아니라면 어차피 A투페어라 하더라도 거의 지는 상황이 되고, 상대가 공갈이라면 A원페어라도 충분히 이길 수 있기 때문이다(투페어로서는 누구라도 거의 모든 경우에 히든에서 베팅을 하지 않고 삥 또는 체크를 하기 때문이다).

이것이야말로 포커게임을 하는 데 있어서 첫손가락으로 꼽을 정도로, 잠을 자는 동안에도 머릿속에 넣어두어야 할 매우, 상당히, 몹시, 무척, 퍽, 대단히 중요한 절대적인 사항이다.

그러면 A원페어, K원페어 정도의 카드를 가지고서 히든에 콜을 하고 승부해볼 만한 카드를 그림으로써 한 번 알아보기로 하자.

물론 이 경우에도 6구까지의 여러 가지 진행상황과 마지막에 베팅을 한 상대방의 성격, 스타일 등등을 염두에 두고서 결정해야 한다는 것은 따로 설명할 필요가 없으리라 생각한다. 그러한 상황의 판단은 여러분들의 기본능력에 맡기겠다.

가장 대표적인 경우만을 분류별로 한 가지씩 뽑아보았다. 물론 이때 역시도 A원페어, K원페어 등의 카드로 무조건 확인을 하라는 것은 절대 아니다. 그러나 충분히 콜을 하고서 승부를 해볼 만한 가치는 있다는 상황이라는 것을 미리 밝혀둔다.

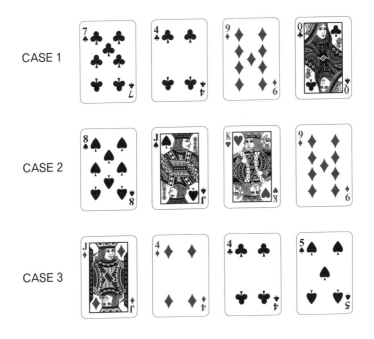

CASE 1

이 경우에는 우선 가장 먼저 머리에 떠오르는 패가 플러시이다. 그렇기에 결국 '플러시만 아니면~'이라는 가정하에서 'A원페어 (또는 K원페어)'로써 승부가 가능한지를 생각해야 한다.

어차피 상대가 투페어가 아니라는 것을 앞의 이론에서 알고 있기에, 결국 상대는 최소한 트리플 이상의 아주 높은 카드가 나오든지 그게 아니라면 결국 공갈이라는 이야기가 되는데, 공갈이라고 가정한다면 A원페어에게 이기기 어려운 상황이다.

  다시 말해 투페어로는 누구라도(아주 특별한 경우를 제외하고는) 히든에서 베팅을 거의 하지 않으므로, 원페어 이하의 카드이기 때문에 공갈을 치는 것이라 생각해도 좋다는 뜻이다.
  그래서 이러한 점들을 잘 이해하여 생각해보면 〈CASE 1〉과 같은 상황에서 상대가 히든에 베팅을 하고 나왔을 때는 A원페어와 A투페어는 기분상의 차이일 뿐, 실제로는 이기고 지는 데 거의 영향을 주지 않는다는 사실을 반드시 깨달아야 한다.
  이것은 아주 중요한 사실이다. 조금 전에도 언급했듯이 거의 대부분의 하수들은 항상 "A원페어(또는 K원페어)에서 마르네…, 투페어만 뜨면 무조건 콜인데…."라며 카드를 꺾지만 이제부터 앞의 이론을 잘 이해하여 상황을 판단한다면 여러분에게 분명히 엄청난 이득을 줄 것이라고 필자는 확신한다.
  만약 콜을 하고 확인을 해서 상대에게 지더라도 상대는 분명히 "아, 원페어로 확인을 할 정도라면 웬만큼은 포커에 대해 아는구나." 라고 판단하여, 그 이후로는 공갈도 잘 시도하지 못하게 되는 효과도 부수적으로 따르게 되기 때문이다.
  물론 그렇다고 해서 어느 경우에나 하이 원페어로써 확인할 수 있다는 얘기는 절대로 아니다. 그때그때의 여러 가지 모든 상황들을 참고하여 자기 나름대로의 확신이 들 때 콜을 하고서 확인해볼 가치가 충분히 있다는 뜻이다. 이 부분을 잘 이해하여 실전에 응용한다면 여러분에게 반드시 큰 도움이 된다는 것을 명심하기 바란다.

CASE 2

〈CASE 1〉과 모든 것이 거의 같은 상황이다. 단지 〈CASE 1〉은 플러시 쪽의 액면이고, 〈CASE 2〉는 스트레이트 쪽의 액면이라는 차이일 뿐 나머지는 차이가 없다.

그러나 여기서 한 가지 우리가 중요하게 체크하고 넘어가야 할 부분은 거의 대부분의 사람들이 〈CASE 1〉과 같이 플러시 쪽의 액면을 깔아놓고는 공갈을 시도하려고 마음먹지만, 〈CASE 2〉와 같이 스트레이트 쪽의 액면을 깔아놓고는 공갈을 시도하려고 마음먹는 횟수가 훨씬 적다는 사실이다.

스트레이트 쪽은 액면에 3장이 깔려 있어도 대부분의 사람들이 거의 스트레이트를 잘 인정하지 않기 때문이다. 바꾸어 말해서, 상대가 잘 인정하지 않으려 한다는 것을 알고 있는 상태이기에 누구라도 그러한 액면을 가지고서 공갈을 시도하려고 하지는 않을 것이라는 이야기다.

그렇기에 〈CASE 1〉과 〈CASE 2〉는 거의 비슷한 상황이긴 하지만 확률적으로는 〈CASE 1〉의 경우가 공갈이 나올 가능성이 그만큼 높다고 볼 수 있다.

그렇다고 해서 〈CASE 2〉가 공갈이 전혀 없다는 것은 결코 아니다. 충분히 공갈을 시도할 수 있는 액면인 것은 사실이지만, 〈CASE 1〉의 경우와 비교했을 때 공갈이 나올 확률이 조금이라도 떨어진다는 의미다.

기본적으로는 〈CASE 1〉과 〈CASE 2〉의 경우는 상대방이 판단하기에는 거의 같은 종류의 카드이지만, 단지 그 가능성이 앞에서 말한 이론을 바탕으로 생각할 때 조금 차이가 있다는 것을 알아두기 바란다.

CASE 3

〈CASE 3〉의 경우는 〈CASE 1〉, 〈CASE 2〉와는 상황이 차이가 나는 경우이다. 이 경우에는 〈CASE 1〉, 〈CASE 2〉의 경우보다 더욱더 하이 원페어로써 콜을 하고 확인하기가 싫어지며, 실제로 거의 대부분의 사람이 "저건 최소한 투페어 이상…."이라고 단정 지어 생각해 버린다. 물론 그러한 경우가 많은 것 또한 사실이다.

하지만 여기서 한 가지 짚고 넘어가야 할 아주 중요한 점이 있다. 왜 〈CASE 3〉과 같은 카드를 액면에 깔아놓고서 베팅을 하면 원페어는 조금도 생각을 하지 않고 최소한 투페어 이상이라고 느끼게 될까? 액면에 깔려 있는 4원페어의 위력이 그렇게도 큰 것일까?

아니다. 결코 그렇지 않다. 〈CASE 3〉과 같은 액면을 깔아놓고서 베팅을 하고 나올 때 제일 신경을 쓰고 겁을 내야 하는 사람은 플러시 또는 스트레이트와 같이 메이드를 잡고 있는 사람들이다.

왜냐하면 〈CASE 3〉과 같은 카드는 공갈이 아니라면 최소한 4트리플 또는 풀하우스가 되는 액면이라고 보아주어야 하기 때문이다.

그런데 그게 아니라고 한다면 〈CASE 3〉의 카드는 공갈을 시도한 것인데, 그럴 때는 4원페어만을 이길 수 있는 카드라면 충분히 승부가 된다는 점을 이제는 깨달아야 한다.

어차피 '투페어를 가지고는 히든에 베팅을 하지 않는 것이 보통'이라는 점을 생각할 때, 〈CASE 3〉의 카드는 아주 높은 카드이든지, 아니라면 오직 4원페어밖에 없다는 것을 알 수 있다.

이럴 때는 A원페어나 5원페어나 의미가 100% 똑같다.

〈CASE 3〉의 카드가 공갈이 아니라면 지는 것이고, 공갈이라면 5원페어만 가지고도 이길 수 있다는 이야기다. 물론 이것 역시도 여러 가지 상황을 잘 판단하여 실행에 옮겨야 하는 것은 당연하다.

이와 같이 특별한 경우를 제외하고는 '투페어는 히든에 베팅을 하지 않는 카드'라는 것을 반드시 마음속에 깊이깊이 새겨두고 명심해야 한다. 아주 고수들의 경우에는 여태까지의 이러한 이론을 바탕에 두고서 상대의 콜을 받아먹기 위해서 하이 투페어로써 히든에 베팅을 하는 경우도 있다. 하지만 그 가능성은 그리 크지 않다는 것을 알고서 게임에 임한다면 반드시 당신의 승률은 올라간다는 것을 필자는 장담한다.

하수가 메이드를 잡았을 때는 공갈로써 죽이려고 하지 마라, 고수들일수록 히든에서 레이즈를 맞으면 콜을 못 한다

이것은 상당히 음미해볼 만한 가치가 있는 이야기다. 우선 '하수가 메이드를 잡았을 때는 공갈로써 죽이려고 하지 마라'고 하는 것은, 일단 거의 대부분의 하수들은 메이드를 잡으면 웬만해서는 죽으려 하지 않기 때문이다.

실제로 플러시 또는 스트레이트가 메이드되었는데 히든에서 베팅 또는 레이즈를 맞고서 미련 없이 카드를 꺾을 정도가 된다면 하수가 아니라 어느 정도 이상의 실력을 갖추고 있다고 보아도 무방할 정도이다.

하수들(그 중에서도 실력이 약하면 약할수록)은 메이드를 가지고는 아주 특별한 경우가 아니라면 잘 죽지 않기에 그것을 공갈로써 죽이려 하는 것은 너무나 많은 위험부담이 따른다. 그 대신 '하수들은 여러분이 진짜로 좋은 패를 잡았을 때 항상 장사를 시켜준다'는 이야기도 동시에 성립된다.

결국 공갈은 항상 상대의 스타일을 잘 파악하여 좋은 찬스를 포착해야만 성공 가능성이 높아진다는 사실을 잊어서는 안 된다. 그런 면에서 볼 때 '고수들일수록 히든에서 레이즈를 맞으면 콜을 못 한

다'고 하는 부분도 앞의 이론과 비교하여 같이 이해한다면 훨씬 더 이해하기가 쉬울 것이다.

이 이론은 상대가 고수일수록 반드시 한두 번 시도해볼 가치가 분명히 있다. 상대가 고수일수록, 그리고 그 고수의 액면이 좋으면 좋을수록, 공갈의 성공률은 반드시 높아진다는 것을 명심하기 바란다. 그러면 지금부터 그 이유를 살펴보기로 하자.

① 고수들의 가장 큰 특징 가운데 한 가지는 6구까지 자신이 이기고 있는 상황이고, 상대가 거의 확실하게 비전 추라이를 하고 있는 상황만 아니라면 히든에 가서도 거의 베팅을 해서 끝까지 괴롭힌다는 점이다. 그렇기 때문에 고수와 게임을 할 때는 히든에 가서 레이즈를 할 기회가 상당히 자주 오는 편이다.

그렇지만 그 기회가 자주 온다고 하여 실제로 이길 수 있는 패를 손에 들고서 레이즈를 할 기회는 그다지 자주 오지 않는다. 왜냐하면 찬스 때마다 바라는 패가 떠주는 것이 아니기도 하고, 그보다 더 중요한 사실은 고수가 그런 상황을 잘 만들어주지 않기 때문이다.

이상하게도 고수들은 항상 내가 히든에 필요로 하는 것을 뜨지 못했을 때만 베팅을 하는 것 같은 느낌이 들 정도로 상황판단이 정확하다.

② 그 반면에 고수들일수록 자신이 히든에 베팅을 하고 나갔는데 레이즈를 맞으면, 상대들이 예상하기 어려운 좋은 패를 손안에 가지고 있는 특별한 상황이 아닌 한 거

의 대부분 레이즈를 받지 못한다.

③ 위의 ①과 ②를 잘 이해해보면, 고수들은 히든에서 자신이 하이 투페어나 트리플 정도만 되어도 이길 수 있다고 생각되면 베팅을 한다는 것을 알 수 있다. 즉, 고수들은 하수들과 같이 완벽한 카드를 가지고만 히든에 베팅을 하는 것이 아니기 때문에, 상대가 레이즈를 하고서 강한 모습을 보이면 바로 꼬리를 내리게 될 확률이 훨씬 높아질 수밖에 없다는 뜻이다.

④ 고수들일수록 자신이 조금이라도 불리한 상황이라 느껴지면 큰 승부를 피한다. 이것은 고수들의 아주 공통된 특징이다. 고수들은 자신이 조금이라도 불리하다고 판단되는 상황에서 큰 승부를 걸기보다는 다음 판을 기약하고서 한 발 물러설 줄 알기 때문이다. 어차피 오래 하면 할수록 승산이 높아지기 때문에 확실하지 않은 한 판에 큰 승부를 걸기보다는 천천히 안전하게 운영하여 이길 수 있다는 확신을 고수들일수록 강하게 가지고 있다는 의미이다.

이상 ①~④까지의 설명을 잘 이해하여 고수들을 상대로 공갈을 시도해본다면 반드시 효과가 있을 것이다.

그러나 공갈이라는 것은 항상 여러 가지 모든 상황이 잘 일치되어 아주 좋은 찬스가 왔다고 생각될 때 간혹, 아주 간혹 한 번씩 시도하는 것일 뿐, 공갈로써 게임을 이끌어가려는 것은 절대로 금물이라는 사실을 잊어서는 안 된다.

공감의 가장 좋은 찬스는 6구

다음 단락에 바로 나오는 것과 같이 약간의 예외적인 경우도 있지만, 거의 대부분의 경우 공감은 6구째 시도하는 것이 가장 최고의 효과를 얻을 수 있다. 그럼 그 이유를 지금부터 살펴보기로 하자.

5구에 공감을 시도하려는 것은 한마디로 말해서 지나치게 빠르다는 이야기다. 우선, 5구에 공감을 시도했을 경우에는

① 설사 그 공감이 성공하였다 하더라도 아직 판이 무르익지 않은 상황이기에 '먹을 것이 별로 없다'는 점이다. 위험부담을 안고서 공감을 시도하는데 부가가치가 별로 없다면 굳이 공감을 시도할 이유가 없다. 그리고 그것보다 더 중요한 이유는

② 5구째에 공감을 시도한다면, 일단 다른 모든 상대방으로부터 경계대상 1호가 된다. 그렇다면 모든 사람들이 당신의 패가 무엇인지 읽으려고 갖은 수단과 방법을 동원하여 노력할 것은 불을 보듯 뻔하다.

그런데 5구째라면 액면에 깔려 있는 패는 고작 3장이다. 결국 상대들이 당신의 패를 읽을 수 있는 범위가 상당히 좁혀진다는 이야기다. 이것은 대단히 중요한 의미가 있다. 공감의 성패는 상대가

당신의 패를 "저게 도대체 뭐야? 트리플인가, A투페어인가, 스트레이트 메이드인가?"라는 식으로 읽기가 어려워야 성공의 가능성이 높아진다.

그렇기에 액면에 3장을 깔아놓고서, 상대가 패를 읽기가 조금이라도 수월한 상태에서 공갈을 시도하는 것은 그만큼 체포될 위험성이 많아질 수밖에 없다.

따라서 모든 것이 무르익어 먹을 것도 어느 정도 있고, 액면에 패가 4장이 떨어지게 되는 6구째가 공갈의 시기로서 가장 적절하다.

6구째에 공갈을 시도하는 것은 현실적으로 우선 배당이 괜찮은 점도 무시할 수 없는 중요한 요소 가운데 한 가지이고, 또 6구에 공갈을 시도하면 상대들이 패를 읽기가 5구째보다 훨씬 어려워지는 것도 큰 이유이다.

거기에 또 한 가지 중요한 사실은 6구째에 레이즈를 맞은 상대방은 자신의 카드가 완벽하지 않은 이상 일단은 주춤하며 순간적일지라도 고민에 빠지게 된다. 이 때 엄청나게 중요하게 작용하는 것이 바로 '7구에 가서 또 베팅을 받아야 한다'는 점이다.

이것은 실로 큰 부담이 된다. 그렇기에 7구에 가서 못 뜨면 부담 없이 죽을 수 있는 카드(포플러시 또는 양방 스트레이트 등)가 아니라 하이 투페어와 같은 카드들은 풀하우스를 뜬다고 확신하지 않는 한, 7구째 또 베팅을 받아야 한다는 부담이 머리를 짓누르게 된다.

그래서 결국 이러한 부담으로 인해 6구에서 카드를 꺾게 될 수도 있고, 실제로 아깝지만 그렇게 6구에서 기권할 줄 아는 사람이 올바른 운영을 하고 있다는 점이다.

비록 상대가 공갈일지라도 여러 가지 상황이 잘 어우러져 아주 적당한 시기에 잘 시도된 공갈이라면, 애초에 그러한 공갈을 체포하려는 것은 무리다. 이것은 하이 투페어를 가지고서 6구째에 카드를 꺾은 사람이 잘못한 것이 아니라, 유효적절하게 공갈을 잘 시도한 사람의 멋있는 베팅이라고 인정해야 한다.

지금의 설명과 연결하여 잘 생각해보면, 7구(히든)에 가서 공갈을 시도하는 것은 상대의 입장에서 보면 그 베팅 한 번만을 받음으로서 모든 상황이 끝나는 것이 된다.

쉽게 얘기해서 더 이상의 베팅이 남아 있지 않기 때문에 그것으로써 이기든 지든 결말이 나는 상황이라는 이야기다. 그렇게 되면 그때는 상대방도, "에이, 건졌으면 먹어라 먹어-."라는 식으로 확인할 가능성이 분명히 6구에서 레이즈를 맞았을 때보다는 조금이라도 많다는 뜻이다.

어차피 공갈을 시도하는 것이 상대에게 돈을 보태주기 위한 것이 아니라면 조금이라도 성공의 가능성이 높은 시기를 선택해야 하는데, 지금의 설명이 잘 이해됐다면 결론은 6구째에 공갈을 시도하는 것이 가장 효과적인 방법이라는 것을 느낄 수 있을 것이다. 물론 이것 역시도 언제나 그렇다는 것은 결코 아니다. 하지만 대부분의 일반적인 경우가 그렇다는 것을 염두에 두고서 공감을 시도하려고 할 때 잘 응용해보기 바란다.

 ## 플러시 쪽의 공감을 시도하려면 일찍 시작하라
(액면에 플러시 3장이 되기 전에 시작)

　플러시 쪽의 공감을 시도하려면 공감을 일찍 시작하라는 이야기는 명심해두어야 할 중요한 사항이다. 이것은 포커를 하는 사람이라면 누구든지, 액면에 같은 무늬가 3장이 떨어지고 난 후에 베팅을 하고 나왔을 경우에는 인정해주는 데 인색하지만, 4구나 5구에 같은 무늬 2장을 깔아놓고서 레이즈 또는 땅-땅-의 베팅을 하고 나가면 일단은 거의 대부분의 사람들이 "아, 저거 포플러시구나, 같은 무늬가 1장 더 떨어지면 난 죽어야지."라며 거의 예외 없이 포플러시로 인정을 하려고 든다. 그렇다면 이것 또한 공감로 이용할 한 가지 메뉴로서 기억해둘 만한 가치가 충분히 있지 않겠는가?

　물론 상대의 실력과 스타일에 따라 공감의 방법과 시기도 항상 변하는 것은 당연하다. 하지만 그렇기에 우리는 더욱더 여러 가지 테크닉을 몸에 익혀 한 가지라도 더 알아두는 것이 반드시 필요하다.

　"나는 포플러시로 죽어도 4구에는 레이즈를 하지 않는다."고 마음먹고 실제로 그렇게 하고 있어도, 상대가 4구에 같은 무늬 2장을 깔아놓고서 레이즈 또는 땅-땅-의 베팅을 하면 왜 그렇게도 포플러시로 보이는지 참으로 불가사의한 현상이다.

앞에서 얘기했던 대로 그와 같은 경우에는 거의 대부분이 포플러시가 아니라 하이 원페어나 투페어 또는 양방 스트레이트나 빵꾸 스트레이트 정도의 카드가 나올 확률이 상당히 높다 하더라도 사람에 따라서는 4구 포플러시가 되면 미친 듯이 날뛰는 사람도 있는 법이기에(물론 이런 사람은 거의 항상 가장 먼저 올인을 당하는 사람이지만), 같이 포커게임을 하는 상대들의 특성을 가능한 한 빨리 정확히 파악하는 것이 상당히 중요하고 기본적인 의무이다.

 형편없는 패를 깔아놓고 공갈을 시도할 때는 6구에 시도하라

이 내용은 앞의 '공갈의 가장 좋은 찬스는 6구째'라는 부분의 이론을 이해하면 된다. 거의 모든 것이 일치하는 이야기이므로 따로 설명은 필요 없으리라 생각한다.

하지만 한 가지 재차 강조하고 싶은 것은, 여러분의 액면에 형편

없는 패를 깔아놓고서 공갈을 시도하려고 할 때는 그 상대를 하수로 선택하지 말고 고수를 선택하라는 점이다.

바꾸어 얘기해서 상대가 하수일 때는 나의 액면에 형편없는 카드를 깔아놓고서는 공갈을 시도하지 말라는 것이다. 그러나 고수를 상대로는 6구째에 나의 액면이 형편없을 때 공갈을 시도하는 것이 훨씬 더 효과적인 경우가 많다는 것을 반드시 알아두기 바란다. 그 이유는 앞에서도 설명한 적이 있기에 중복되는 설명은 생략한다.

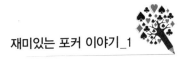

재미있는 포커 이야기_1

라스베이거스의 세븐오디

예전에 필자가 공식적인 업무로 많은 사람들을 인솔하여 라스베이거스를 다녀온 적이 여러 번 있었다. 대부분 라스베이거스를 처음 방문하는 사람들이었기에 무리한 게임을 하지 말도록 필자는 항상 주의도 주고 당부도 했지만, 30명에 가까운 인원을 완벽하게 통제하기는 애초부터 무리였다. 하루가 지나기 무섭게 피해자가 속출하기 시작하며 필자를 곤혹스럽게 만들었는데 이상하게도 한결같이 슬롯머신에서 큰 피해를 입는 것이었다.

돈을 잃고 따는 문제를 떠나 그 멀고도 유명한 라스베이거스까지 가서 기계와 싸우는 것은 너무 아깝다는 생각이 들었다. 이왕이면 테이블 게임을 하며 외국인들과 섞여서 딜러와 함께 분위기도 즐기는 것이 더 큰 의미가 있지 않겠냐는 것이다. 그런데도 대부분의 사람들이 주야장창 슬롯머신만 당기고 있으니 그 이유는 단 한 가지, 테이블 게임을 할 줄 몰라서이다. 그래서 오늘은 테이블 게임 중에서도 가장 적은 비용으로 즐길 수 있고, 또 가장 기본적인 종목인 세븐오디(세븐 카드 스터드, Seven Card Stud) 게임의 룰에 대해 우리나라와의 차이점을 간단히 소개하고자 한다.

첫째, 라스베이거스의 세븐오디는 거의 리미트 베팅이다. 카지노에 가보면 포커 테이블에는 2$~4$, 3$~6$ 또는 10$~20$ 등으로 리미트 금액이 표시되어있다. 3~6게임의 경우, 이것은 3구, 4구에는 한 번의 베팅 금액이 무조건 3$이고 5, 6, 7구에는 베팅 금액이 무조건 6$이라는 의미이다. 즉, 베팅이나 레이즈나 언제나 3$ 또는 6$이 된다는 의미이다. 그리고 각 라운드마다 레이즈의 제한은 5회로 되어 있다(모든 플레이어들의 베팅 횟수를 더한 것-4회로 제한하는 곳도 있다).

단, 4구에서 액면에 페어가 깔리면서 보스가 된 사람만은 정해진 기본 금액의 2배를 베팅할 수 있는 권한이 있다. 그리고 라스베이거스에서는 세븐오디게임에서 3구째부터 베팅이 시작된다.

둘째, 처음에 카드를 나누어 줄 때 3번 째 카드를 오픈하여 나누어

준다. 그래서 그중 가장 낮은 카드가 오픈된 사람이 3구째 정해진 의무 베팅을 한다(3구째 한사람만 의무 베팅을 하고 그 이후로는 의무 베팅은 없다). 4구째부터는 자신의 바닥에 가장 높은 패가 오픈된 사람부터 베팅을 시작한다.

셋째, 카드는 항상 딜러의 가장 좌측부터 시계바늘 방향으로 나누어주고, 베팅은 3구째에는 가장 낮은 사람부터 시작하고, 4구부터는 가장 높은 사람부터 시계바늘 방향으로 진행된다.

넷째, 콜레이즈, 체크 레이즈가 인정되고, 뺑이라는 베팅은 없다.

다섯째, 5장의 카드가 똑같으면 무승부이다. 나머지 2장은 비교하지 않으며, 무늬로 승부를 가리는 일은 절대 없다.

여섯째, 한참 생각하다 레이즈를 해도 무방하다.

이 정도만 알아두면 어느 포커 테이블에서도 게임을 즐기실 수 있다. 게임에 처음 입장할 때는 규정에 의한 최저 입장 금액 이상을 가지면 누구든 게임에 참여할 수 있다. 최저 입장 금액은 100$, 200$, 500$식으로 판의 크기에 따라 결정된다.

이러한 기본 룰을 알고서 2$~4$, 3$~6$ 정도의 게임에 참여하면 100$~200$ 정도의 적은 비용으로 오랜 시간 포커의 본고장에서 즐거운 게임을 즐기실 수 있고, 또 여러분들의 실력여하에 따라서는 여행 경비를 절감할 수도 있을 것이다.

POKER
PPOOKKEERR

액면 트리플을 잡아내는 법

　이것은 우선 위험성이 상당히 높기에 자주 사용할 방법은 절대로 아니지만, 그래도 그 효과만큼은 매우 크기 때문에 반드시 알아두고서 가끔, 아주 가끔 한 번씩은 시도해볼 만한 가치가 충분하다.

　이 때 가장 중요한 것은 트리플을 액면에 깔아놓은 상대방이 '6구에 이미 풀하우스가 메이드 되었느냐, 아니냐'하는 부분이다.

　이미 풀하우스가 메이드 되어 있다고 느껴지면 두말할 것도 없이 공갈을 시도하지 말아야 한다. 하지만 6구까지 풀하우스가 되어 있지 않은 상태라고 느껴진다면 공갈을 시도해볼 수도 있다는 것이다.

　과연 액면으로 트리플을 깔아놓은 사람이 '6구까지의 상황에서 풀하우스가 되었느냐, 아니냐'하는 판단은 어떻게 내려야 하는가?

　그것은 5구까지의 진행상황으로 미루어 판단해야 한다. 6구에서 액면으로 트리플이 떨어져도 실제로 그 상황에서 풀하우스가 바로 메이드가 되는 경우는 그리 흔치 않다. 그것은 바꾸어 말해 5구째에 이미 최소한 투페어 또는 트리플이 되어 있어야 하기 때문이다.

　그런데 5구에서 투페어(또는 트리플)를 이미 가지고 있는 상태인지 그렇지 않은지는 5구째까지의 베팅 상황과 그 사람의 게임운영 방법, 스타일 등등으로 어느 정도는 예상할 수 있다. 이와 같이 모든 상황을 종합해서 "저건 아직까지 풀하우스가 없어."라는 식으로 자기 나름대로의 확신이 들면 공갈을 시도할 수 있는 찬스라고 볼 수 있다. 이 때 자신의 액면카드가 상대에게 도저히 이길 수 없는 상황 (6구까지의 상황으로서)이라면 절대로 공갈을 시도해서는 안 된다.

이것은 세 살먹은 아이들도 알 수 있는 너무도 당연한 이야기다. 액면상으로 도저히 이길 수가 없는데 공갈을 시도한다는 것은 말할 가치가 없지 않겠는가?

그러나 아주 최악의 경우가 아니라면, 6구까지의 상황이라면 액면에 카드가 4장이 오픈되기 때문에 거의 대부분의 경우가 스트레이트성의 액면은 최소한 만들어진다.

예를 들면 상대의 액면에 J트리플이 떨어져 있는데 나의 액면은 (대부분의 액면에 깔리는 카드는 숫자의 높고 낮은 정도의 차이가 있을 뿐) 대략 다음의 Ⓐ~Ⓓ 네 가지 정도의 종류라 보고 각각의 경우를 살펴보기로 하자.

우선 Ⓐ의 경우는 6구까지의 상황으로는 무조건 메이드가 될 수 없는 액면이다. 이와 같은 경우에는 최고의 카드가 9트리플밖에는 안 된다. 그런데 상대의 액면에 J트리플이 깔려 있는데, 이와 같은 상황에서 공갈을 시도한다면 이건 누가 보더라도 정신병자의 미친 짓일 뿐이다.

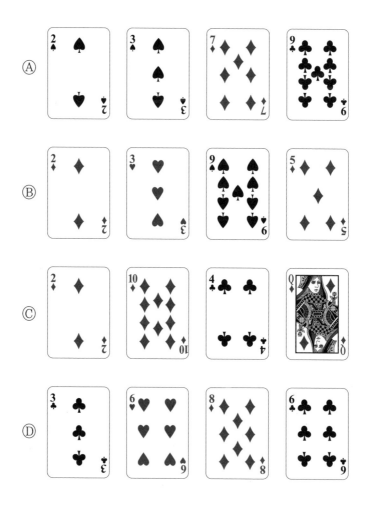

그런데 Ⓑ~Ⓓ까지의 액면은 누가 보더라도 일단은 메이드의 가
능성이 있는 액면이다.

ⓐ와 ⓑ~ⓓ 카드의 차이, 이것은 어느 경우에라도 실로 엄청나다. 물론 그렇다고 해서 ⓑ~ⓓ의 카드를 무조건 메이드로 본다는 얘기는 절대 아니다.

하지만 이와 같이 ⓑ~ⓓ의 카드를 액면에 깔아놓고서 상대의 베팅 위에 레이즈를 할 경우 일단 초비상이 걸리게 된다. 더구나 상대의 액면 트리플을 보고서도 레이즈를 친다면 누구라도 ⓑ의 카드는 스트레이트 메이드, ⓒ의 카드는 플러시 메이드 또는 Q트리플, ⓓ의 카드는 풀하우스 메이드라고밖에는 볼 수가 없다.

그것이 아니라면 공갈이라는 얘기밖에 안 되는데 누구든 '액면 트리플을 보고 설마 공갈을 치겠는가?'라고 생각하기 때문이다.

그렇기에 이 '액면 트리플을 잡아내는 법'은 트리플을 액면에 깔아놓은 상대가 이미 6구째에 풀하우스 메이드가 안 되었다는 나름대로의 확신이 들었을 때 ⓑ~ⓓ까지의 액면으로써 6구째에 레이즈를 치며 공갈을 시도한다면, 승부는 히든에 가서 액면 트리플을 깔아놓은 상대가 풀하우스를 뜨느냐 못 뜨느냐에 따라 결정된다고 보아도 무방하다.

여러분들께서도 수없이 느껴보고 아쉬워도 해보았듯이, 트리플에서 히든에 풀하우스를 뜨는 것이 참으로 쉽지 않다. 그렇다면 승률은 공갈을 시도한 쪽에 오히려 많다고 볼 수 있다. 히든에 가서 또 베팅을 하면, 액면 트리플을 깔아놓고서 풀하우스를 못 뜬 상태라면 정말로 콜을 하기가 싫은 법이기 때문이다.

여기서 우리가 한 가지 주의하고 넘어가야 할 부분이 있다. 그것은, ⓓ의 액면을 가지고는 '더 높은 액면 트리플'을 상대로는 가급적 공갈을 시도하지 말라는 것이다.

왜냐하면 ⓓ의 액면을 보고 인정하려면 풀하우스라는 결론인데, 포커게임을 하는 사람들은 누구든 풀하우스 메이드(그것도 6구째)를 인정하는 데는 아주 인색하다.

따라서 똑같은 메이드성의 액면이라 하더라도 액면 트리플을 상대로는 ⓑ나 ⓒ와 같이 남들이 조금이라도 쉽게 인정을 해주는 스트레이트나 플러시 쪽의 액면으로써 공갈을 시도하는 것이 훨씬 효과적이라 할 수 있다.

그 반면에 ⓓ와 같은 카드는 상대방이 플러시 또는 스트레이트 메이드라고 보여질 때(상대의 액면에 좋으면 좋을수록, 판이 크면 클수록 더욱 좋다) 히든에 가서 멋진 레이즈로써 그것을 죽이는 카드라고 이해하면 된다. 이것에 대해서는 뒤에서 다시 한 번 다룰 기회가 있으므로 보다 자세한 설명은 뒤에서 하기로 하자.

◆ 액면 트리플을 잡아내는 방법

① 상대가 6구에 풀하우스가 메이드되지 않았다는 나름대로의 확신이 설 경우(5구까지의 진행상황으로 미루어 판단)

48

② 나의 액면에 메이드성의 카드 또는 상대보다 높은 트리플로 보일 수 있는 카드가 깔려 있을 경우(Ⓑ, Ⓒ, Ⓓ와 같은 액면)

③ 자신을 가지고서 과감하게 6구에서 레이즈를 하여 승부를 걸어볼 경우(히든에서도 베팅)

④ ③의 경우, 6구에서 상대가 또다시 재차 레이즈를 하거나, 히든에 가서 미리 베팅을 하고 나올 경우(바로 죽는다)

그리고 또 한 가지 방법은, 상대방이 액면에 트리플을 깔아놓고서 6구에 베팅을 하고 나왔을 때, Ⓑ, Ⓒ, Ⓓ와 같은 액면을 가지고서 6구에서 조금의 주저함도 없이 바로 콜을 하고(이것 역시도 자신을 메이드로서 보아달라는 의미이며, 기본적으로 상대방은 6구까지의 상황에서는 풀하우스가 되지 않았다고 확신이 될 때) 7구째에 상대방의 베팅이 어떻게 나오는가를 보고 공갈을 시도할 것인가를 결정하는 방법이다.

㉮ 상대가 히든에서 베팅을 하고 나올 경우

㉯ 상대가 히든에서 베팅을 하지 않고 삥을 달 경우

㉮의 상황에서는 상대가 풀하우스건 아니건 무조건 승부를 포기하는 것이 원칙이며, ㉯의 상황이라면 거의 90% 이상이 풀하우스가 되지 않은 상황이기에, 이때는 충분히 베팅을 하고 공갈을 시도해볼 가치가 있다.

이와 같은 여러 가지 이론들을 잘 숙지하여 간혹 한 번 정도는 시도해볼 가치가 있는 것은 틀림없는 사실이지만, 위험 가능성이 많은 만큼 절대로 자주해서는 안 된다는 점을 명심해야 한다.

그러나 당신의 판단이 정확했다면 액면 트리플을 잡는 법은 히든에서 상대가 풀하우스를 뜨지 않는 한 성공의 가능성이 상당히 높다는 것 또한 틀림없는 사실이다.

상대가 비전 카드(플러시 또는 스트레이트를 노리는카드)라고 생각될 때, 히든에서의 베팅 요령

① 내가 투페어나 하이 원페어를 갖고 있을 때는 베팅할 필요가 없고,

② 내가 낮은 원페어(또는 그 이하)를 갖고 있을 때는 베팅을 해야 한다.

이것은 상당히 자주 나오는 상황이기에 반드시 잘 이해하고 꼭 몸에 익혀두어야 할 중요한 이야기다.

우선 ①의 경우를 보기로 하자. 상대가 히든에서 플러시나 스트레이트를 노리는 카드라고 판단될 때 내가 '하이 원페어' 또는 '낮은 투페어(웬만한 투페어)' 등의 카드를 가지고 있으면, 결과는 상대가 메이드가 되면 내가 지고, 메이드되지 않으면 거의 내가 이기는 것이

된다. 그런데 이와 같은 상황에서 히든에 베팅을 하는 것은 나에게 득이 되지 않는다.

상대는 뜨면 콜 또는 레이즈를 할 것이고 못 뜨면 죽기 때문에 나에게는 득이 되는 상황이 나오지 않는다는 뜻이다.

물론 아주 간혹, 내가 히든에 하이 원페어나 낮은 투페어로서 베팅을 했을 때, 상대방이 자신이 기대했던 플러시 또는 스트레이트를 못 뜨고 이상한 투페어를 떠서 이길 수 있는 상황이 되었는데도 베팅 때문에 죽는 경우도 있을 수 있겠지만 그건 쉽지 않은 일이다. 오히려 그것보다는 다음과 같은 여러 가지 면에서 손해를 보게 된다.

㉮ 내가 히든에 베팅을 하고 나갔을 때 상대가 레이즈를 하게 되면 공갈이라도 난 죽을 수밖에 없다.

㉯ 내가 히든에 베팅을 하지 않음으로서 상대의 공갈을 유도할 수 있다(앞의 '4. 투페어는 공갈을 시도하지 않는 카드' 부분 참조).

㉰ 상대는 뜨면 콜 또는 레이즈, 못 뜨면 그냥 죽는다.

㉮와 ㉰의 경우는 따로 설명이 필요 없으리라 느낀다. 여기서는 ㉯의 경우만을 설명해보기로 하자. 대부분의 사람들이 "히든에 말라서 쳤어."라는 얘기를 자주 한다. 이것은 히든카드에 자신이 원하는 카드를 못떠 공갈을 쳤다는 이야기이다.

그런데 여기서 한 가지 아주 중요한 사실은, 거의 대부분의 사람들이 히든에 가서 상대가 삥 또는 체크를 했을 때 공갈을 시도한다는 점이다.

바꾸어 얘기해서 저쪽에서 먼저 베팅을 하고 나오게 되면 "삥을 달고 나오면 공갈을 쳐야지."라고 마음을 굳게 먹고 있었어도 "어? 베팅을 먼저 하고 나와?"라며 꼬리를 내리게 되는 것이 대부분의 경우이다. 그렇다면 상대가 공갈을 써서 돈을 보태주려 하는 기회를 스스로 없애고 마는 셈이 된다.

이것은 또 한 가지 상대가 포플러시 또는 양방스트레이트의 카드로 히든에 뜨려고 할 때, 그것을 상대하는 나의 카드는 A원페어(또는 K원페어)로 충분하다는 이야기가 된다. 그런데 그런 충분한 카드를 가지고서 히든에 베팅을 하는 것은 나에게 아무런 의미도 득도 없다는 것을 앞의 설명으로부터 여러분은 깨우쳐야 한다.

낮은 원페어로는 히든에 베팅을 해야 한다. 이것은 말 그대로 공갈을 시도하는 것이며, 상대가 히든에 가서 플러시 또는 스트레이트를 뜨지 못 한다는 것에 기대를 걸겠다는 의미이다. 왜냐하면 나의 카드가 낮은 원페어밖에 안되기에, 상대가 플러시나 스트레이트를 노리다가 어정쩡한 원페어가 되더라도 지는 경우가 얼마든지 생길 수 있기 때문이다.

예를 들어 나는 5원페어(또는 그 이하)밖에 없는데 상대가 포플러시를 가지고 플러시를 노리다가 히든에서 7 또는 8원페어 정도로 끝났다고 했을 때, 내가 삥 또는 체크를 하면 내가 지게 된다는 것이다. 그렇기 때문에 이와 같은 경우에는(상대가 비전 추라이라고 느껴질 때), 상대가 노리던 것을 뜨든지 아니면 그것을 노리다가 이상한 투페어를 떠서 콜을 하여 내가 지게 되는 것은 어쩔 수 없지만, 상대가 바라는 것을 못 뜨기를 기대하고서 베팅을 하여 상대가 죽어주기를 바라볼 수는 있다는 이야기다.

어차피 베팅을 하지 않으면 내가 지는 것이 거의 불을 보듯 명확하며, 상대가 히든에 필요한 것을 뜰 확률 또한 어느 경우에도 일단 쉽지 않기 때문이다.

그래서 상대가 만약 어정쩡한 원페어(6~10 정도의 원페어)라면 아무리 그가 고수라 할지라도 콜을 하기란 어렵기에 공갈의 효과를 충분히 기대할 수 있다는 것이다.

지금의 이론은 실전 게임에서 하루에도 수십 번씩 나오는 상황이기에 반드시 확실하게 이해하고 나의 것으로 만들어야 한다. 이것은 세븐오디 게임의 어느 이론에도 뒤지지 않을 정도로 엄청나게 중요한 이론이라는 것을 필히 명심하기 바란다.

 공갈치기 좋은 액면(상대가 액면에 어정쩡한 투페어 혹은 하이 원페어를 깔아놓았을 경우)

예를 들어 상대의 액면에 9-3투페어가 깔려 있는데 빠진 카드와 여러 가지 상황으로 미루어 풀하우스가 아닌 것 같다고 느껴질 때, 나의 카드가 아무것도 없더라도 6구에서 레이즈를 하면 상대가 실제로 6구에서 이미 풀하우스가 되어 있는 상황이 아니라면 6구, 7구를 계속해서 콜을 하여 확인하기가 참으로 쉽지 않다.

물론 판단이 틀려서 상대가 이미 6구에 풀하우스가 되어 있을 수도 있고, 또 상대방이 운이 좋아서 히든에 가서 풀하우스를 뜨는 경우도 있을 수는 있다. 하지만 어차피 투페어에서 풀하우스를 뜨는 것은 거의 무시해도 괜찮을 정도의 확률이기에, 상대가 이미 6구에 풀하우스가 되어 있지 않은 한 승리는 나의 것이 될 확률이 훨씬 높다고 봐도 된다. 상대가 6구에 액면으로 투페어가 떨어지게 되면 그 숫자가 얼마나 빠졌는지 바로 정확히 체크하고 그 때까지의 여러 가지 상황을 종합하여 조금이라도 그 판단의 정확성을 높이는 것이 가장 중요하다고 할 수 있다.

이번에는 상대가 액면에 하이 원페어를 깔아놓았을 경우를 생각해보기로 하자. 상대가 액면에 하이 원페어를 깔아놓고 있는데 그것을 보고 레이즈를 한다는 것은, 일반적으로 생각할 때 상대의 액면에 깔려 있는 그 숫자의 투페어에게는 이길 수 있다는 뜻이 된다.

예를 들어 액면에 K원페어를 깔아놓고서 베팅을 하고 나갔는데 레이즈를 맞게 되면, 일단 상대의 카드를 "어, 이걸 보고 레이즈를 쳐? 그러면 K투페어를 이길 자신이 있다는 얘기네…"라고 인정하게 된다. 왜냐하면 K원페어를 액면에 깔아놓고 베팅을 하면, 포커를 하는 사람이라면 누구라도 "아, 저건 K투페어 이상이다."라고 아주 쉽게 생각해버리기 때문이고, 또 거의 대부분의 경우 K투페어인 것 또한 사실이기 때문이다.

그렇다면 결국 K원페어를 깔아놓고 베팅을 하고 나갔다가 레이즈를 맞았을 때, 자신의 카드가 K트리플 또는 그 이상의 카드라면 숨도 안 쉬고 콜 또는 재차 레이즈를 할 수도 있다. 하지만 실제 자신의 카드가 K투페어 또는 K원페어와 같은 경우에는 히든에 풀하우스를 뜨지 못하는 한 진다는 생각이 앞서게 된다. 그래서 레이즈를 했던 사람의 카드를 공갈로 보지 않는 한 히든에 풀하우스를 뜨는 것이 얼마나 어려운지를 잘 아는 고수들이라면 6구에서 카드를 꺾을 확률이 높다.

그렇지만 히든에서 끝까지 풀하우스를 떠보려고 하는 하수들은 히든에서 풀하우스를 못 뜨고 난 후, 마지막 베팅에 결국 카드를 꺾게 된다는 것이다.

지금까지의 얘기를 종합해보면 상대가 액면에 하이 원페어를 깔아놓았을 경우에 그 카드가 트리플 이상의 카드가 아니라면 공갈을 시도해볼 수 있는 찬스라는 이야기가 된다. 그러면 과연 상대의 액면을 보고서 트리플의 가능성이 얼마나 있는지를 찾아내는 방법은 없는가? 그럼 지금부터 다음 페이지의 그림을 보며 알아보도록 하자.

다음 그림을 보면 Ⓐ, Ⓑ, Ⓒ 모두가 6구까지 액면으로 K원페어이다. 단지 카드가 떨어진 순서만 다를 뿐 숫자와 무늬도 완벽하게 똑같은, 얼핏 보기에는 같은 카드이지만 실제로 Ⓐ와 Ⓑ, Ⓒ의 차이는 엄청나다.

그러면 '왜 차이가 나는 것인지', '그 차이는 과연 무엇인지', '그렇다면 과연 어떤 것이 트리플의 확률이 높고 낮은지'에 대해 지금부터 알아보도록 하자.

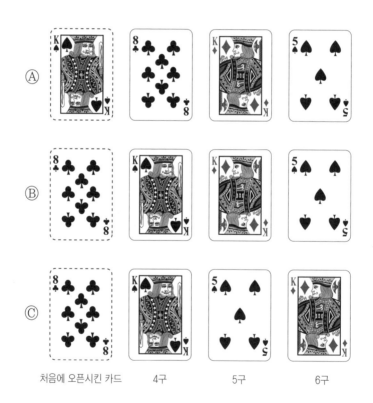

처음에 오픈시킨 카드   4구   5구   6구

결론부터 미리 얘기하면, Ⓐ는 트리플의 가능성이 거의 없는 카드라고 보아도 무방하고, Ⓑ, Ⓒ는 트리플의 가능성을 어느 정도는 염두에 두어야 한다. 이 부분에서 "아니, 똑같은 카드인데 그게 웬 말도 안 되는 소리냐?"고 반문하는 사람이 있다면, 그것은 스스로가 "나는 초보자입니다."라고 얘기하는 것과 같을 정도로, 그 이유는 세븐오디게임에 대해 어느 정도의 실력만을 가지고 있는 사람이라도 알 수 있을 것이라 생각한다. 하지만 여기서는 모르는 하수들을 위해 그 이유를 알아보기로 하자.

지금까지의 내용 중에서도 비슷한 경우의 설명이 수차례 반복되었지만, Ⓐ의 경우 6구에서 K트리플이 되어 있으려면 처음에 카드를 오픈시킬 때 K원페어를 찢어서 한 장은 오픈시키고, 한 장은 손에 들고 있었다는 이야기가 된다.

처음에 K원페어를 찢어서 오픈시키는 것, 물론 이러한 경우가 전혀 없다는 것은 아니지만 (『초이스편』의 '어떤 카드를 버릴 것인가(2)'의 CASE 1 참조), 아주 특별한 경우를 제외하고는 K원페어를 처음에 찢어서 오픈시키는 경우는 무시해도 괜찮다.

그렇다고 보았을 때, Ⓐ의 경우에는 거의 K트리플은 나오기 힘든 상황이다. 만약에 K트리플로서 출발하였다면 오히려 K포카드가 나올 수는 있다는 것을 알아두기 바란다(물론 이것은 아주 희박한 확률이다).

결론은 처음에 오픈시킨 숫자가 높은 숫자일 때(A, K, Q 정도), 4구든 5구든 6구든 그 숫자와 같은 숫자가 한 장 더 떨어져서 액면으로 원페어가 되었을 경우에는 거의 트리플의 가능성이 없다고 보아도 무방하다는 것이다.

그런데 ⓑ, ⓒ와 같이 처음에 오픈시킨 숫자와 전혀 상관없이 나중에 K가 2장이 떨어져서 K원페어가 액면으로 깔려 있는 상태라면 이야기가 달라진다. 일단 여러 가지 상황으로 미루어 판단해야겠지만, 트리플의 가능성을 어느 정도 염두에 두어야 한다. 이 부분에 대해서는 뒤에 한 번 더 다룰 기회가 있으므로 (『운영편』의 '게임에서 이기는 법'), 그 때 다른 것과 비교하여 보다 확실히 알아보기로 하자.

지금까지의 설명으로써 상대가 액면에 하이 원페어를 깔아놓고서 베팅하고 나올 때, 어떤 경우에 찬스를 잡아 공갈을 시도하면 성공 가능성이 높은지 판단하는 데 도움이 될 수 있으리라 생각한다.

그런데 지금껏 설명해온 '공갈로써 상대방의 액면 하이 원페어를 잡는 방법'에 있어, 반드시 알고 있어야 할 또 한 가지 아주 중요한 문제가 있다.

그것은 지금까지의 모든 상황 전개가 공갈을 시도해볼 수 있는 절호의 찬스라고 생각하더라도 6구에서 자신의 액면에 플러시 쪽의 같은 무늬가 3장이 떨어져 있을 때는 상대의 액면 하이 원페어를 잡으려는 공갈을 시도하지 말라는 것이다 (이것은 얼핏 듣기에는 반대로

생각하기 쉽지만, 절대로 알고 있어야 할 아주 중요한 사항이다). 그 이유는

① 어차피 나는 공갈을 시도하는 것이고, 상대의 하이 원페어 액면을 보고 6구에서 레이즈를 하는 것이기에, 상대로부터 '이 액면을 보고 레이즈를 할 정도면 저건 분명히 뭔가 있다'라는 인정을 받을 수 있어야 한다.

그러려면 나의 액면은 누가 보아도 확실치 않은, '그저 어정쩡한 액면의 카드'(즉, 남들이 볼 때 트리플 또는 스트레이트 메이드처럼 보이는 액면)를 깔아놓는 것이 훨씬 더 효과적이다.

그런데 플러시 3장을 나의 액면에 깔아놓고 레이즈를 하는 것은, '하이 투페어에게 이길 수 있다'라고 생각하기보다는, '나를 플러시 메이드로 보아달라'고 하는 베팅이 되어버리기 쉽다는 것이다. 이러한 상황이 되어버리면 이번에는 상대 쪽에서, '정말 플러시가 있긴 있는 거야?'라며 의심을 할 수 있다는 의미이다. 당신의 카드를 '플러시가 있는 거야, 없는 거야?'의 둘 중 하나로 결론지어버리게 될 경우, 당신의 액면에 3장이 떨어진 그 무늬와 같은 무늬를 여러 장 가지고 있거나 처음부터 그 무늬 3장으로 출발했던 사람이 있다면 공갈이 체포될 확률은 훨씬 높아진다. 결론적으로 말해서 남들이 당신의 카드를 볼 때 '○○○ 아니면 아무것도 없어'라는 인식을 주는 카드(대표적으로 액면에 플러시 3장이 있는 경우)가

6구에 나의 액면에 떨어졌을 때는 5구부터 '이번에는 공감을 시도할 절호의 찬스'라고 마음먹고 있었더라도 공감의 기회를 다음으로 미루고, 그 판을 포기하라는 것이다.

지금의 이론은 보통 그 의미를 반대로 생각하고 있던 사람들이 많기에, 이 책을 읽고 난 이후로는 그 의미를 잘 이해하여 반드시 당신의 것으로 만들어야 한다.

② 나의 액면에 플러시 쪽의 같은 무늬가 3장이 떨어졌는데도 상대가 액면에 하이 원페어를 깔아놓고서 꿋꿋하게 베팅을 하고나온다는 것은, 나의 액면을 못 보지 않은 이상 레이즈를 맞을 것을 충분히 예상한다는 의미로 해석해야 한다. 아니 경우에 따라서는 레이즈 맞기를 바라고 있을지도 모르는 상황이다.

쉽게 얘기해서 그도 어느 정도 이상의 좋은 카드를 가지고 있을 확률이 높다고 봐야 한다는 뜻이다. 따라서 이러한 상황에서 공감을 시도하는 것이 얼마나 위험 가능성이 많은지는 따로 설명할 필요가 없으리라 생각한다.

결국 ①과 ②의 이론에 근거해서 6구에 나의 액면에 플러시 3장이 떨어져 있을 때는 (아주 하수를 상대할 경우가 아니라면) 공감의 찬스로서 적절하지 않다는 것을 반드시 명심하기 바란다.

공갈은 큰판에서 시도해야 한다

이것은 상당히 여러 가지 의미를 가진 말이다. 우선 큰 판에서 레이즈로써 시도하는 공갈은 상대가 고수일수록 그 성공 가능성이 높아진다고 앞에서도 설명했다. 그리고 만약의 경우 재수가 없어서 체포가 되더라도 상대방에게 '아, 이 사람은 공갈을 시도하는 사람이구나'라는 강한 인상을 남기게 된다.

거의 대부분의 사람들이 조그만 판에서는 간혹 공갈을 시도하다가도 어느 정도 이상의 큰판이 되면 공갈은 엄두조차 내지 못하는데, 이것은 공갈의 참뜻과 공갈로서 파생되는 여러 가지 부가가치를 제대로 이해하지 못하기 때문이다.

공갈이란 기본적으로 큰판일수록 그것에 비례하여 성공 가능성이 높아지며, 만약에 실패를 하더라도 다음 판에서 정말 좋은 카드를 잡았을 때 큰 장사를 할 수 있도록 도와주는 역할을 반드시 한다.

웬만한 판 이상일 때는 절대로 공갈을 시도하지 않는다면, 상대방들도 장님이 아닌 이상 그러한 스타일은 금방 파악하게 되고, 그렇게 된다는 것은 좋은 카드를 가지고 있어도 많은 소득을 올리는 장사는 그만큼 기대하기 어려워진다.

오랜 시간 포커게임을 한다면 누구에게든 패는 비슷하게 들어온다. 고수라고 패가 잘 들어오거나 하수라고 패가 잘 안 들어오는 것은 절대로 아니다. 그런데도 결과는 항상 일정하게 고수가 이기는 것으로 나타나는 이유는 무엇인가?

그것은 지금까지 이 책에서 다루어왔던 이론들을 얼마나 잘 숙지하고 있는지에 달려 있다. 똑같은 패를 가지고서 다른 사람이 50%의 효과를 거두어들일 때 60~70%의 효과를 거둘 수 있는 사람이 있다면, 그 사람은 아주 특별하게 재수가 없는 날이 아니라면 항상 이길 수 있다는 결론이 나오는 것은 너무나 당연하다.

또한 똑같은 패를 가지고서 다른 사람들이 50의 피해를 입을 때 그 피해를 30~40%으로 줄일 수 있는 사람이 있다면, 그 사람 역시도 언제라도 좋은 승률을 올릴 수 있다. 그리고 이 둘은 바늘과 실처럼 항상 같이 나타나는 현상이며, 동시에 모든 고수들의 공통된 특징이기도 하다.

결국 자기가 좋은 패를 가지고 있을 때 최대한으로 큰판을 만들어서 이길 줄 알아야 하는 것인데, 이럴 경우에 앞에서 말한 대로 큰판에서 공갈을 시도하다가 체포된 적이 있다는 사실이 음으로 양으로 많은 도움을 준다.

큰판에서 공갈을 시도하는 것은(물론 여러 가지 상황이 맞아떨어져서, 자신이 판단하기에 무조건 성공할 수 있다는 확신이 있을 때 시도해야 한다) 성공하면 당연히 좋고, 상대방에게서 전혀 생각지 못했던 이상한 카드가 나와 비록 체포당하는 경우가 되더라도 그 효과는 앞으로 두고두고 계속해서 남아 있기에 그 가치가 있다는 것이다. 물론 그렇다고 해서 큰판에서의 공갈만이 효과가 있다는 것은 결코 아니다.

작은 판에서도 밑밥의 의미라든지, 상대방을 건드려본다는 식의 공갈을 사용하는 것도 아주 좋은 공갈의 요령임은 분명하다. 단지 여기서 하고자 하는 얘기는 공갈의 좋은 찬스라고 느낀다면 큰판이라고 하여 특별히 부담을 가지거나 망설이지 말고 소신껏 공갈을 시도해 볼 필요도 있다는 이야기다.

이 때 명심할 것은 큰판에서 공갈을 시도하다가 체포된 날은 재차 공갈을 시도하지 말고 진카만을 가지고서 승부해야 한다는 점이다. 왜냐하면 전력(큰 판에서 공갈을 시도하다 체포된 전력)이 있기에 상대방들은 또다시 "저거 또 공갈 아니야?"라고 생각하며 확인을 할 확률이 조금이라도 더 많아지기 때문이다. 이럴 때는 진카만을 가지고 승부해도 충분히 효과적인 소득을 올릴 수 있기 때문이다.

 ## 공갈을 자주 시도하려고는 절대로 생각하지 마라
(공갈을 많이 시도하면 진다)

지금까지 우리는 '공갈을 치는 법'에 대해 여러 가지 상황을 판단해가며 그 성공 가능성이 높은 방법을 찾으려고 노력해왔다. 그런데 여기서 한 가지 우리가 짚고 넘어가야 할 가장 중요하고, 또 중요한 첫 번째 원칙은 '절대로 공갈은 자주 시도해서는 안 된다'는 사실이다.

공갈이란 말 그대로 지는 패를 가지고서 상대방을 죽이고 승리를 얻으려는 변칙적인 방법이기 때문에 항상 많은 위험부담과 무리가 뒤따를 수밖에 없다. 가능하면 공갈을 사용하지 않고서 게임에 임하는 것이 올바른 방법임은 분명하다. 공갈을 전혀 사용하지 않고서도 게임에서 이길 수만 있다면 그것은 가장 안전하고 확실한 운영방법이라는 뜻이다.

하지만 앞에서도 설명했던 바와 같이 공갈을 전혀 사용하지 않고서 게임하는 것은 안전하기는 하지만, 좋은 카드를 잡았을 경우에 장사가 잘 안 된다는 사실을 간과해서는 안 된다. 그렇기에 공갈은 포커게임에 있어서 필요악이다. 아마도 포커게임을 하며 공갈을 시도해보지 않았던 사람은 단 한 명도 없을 것이다.

그러면 포커게임의 필요악인 공갈은 어느 정도를 기준으로 시도해야 하는가? 아니 시도해볼 가치가 있으며, 어느 정도의 비율로 시도해야 가장 큰 부가가치를 얻을 수 있을까?

이 부분에 대해서는 한두 마디로 결정지어 말하기 어려우며, 또 공갈의 찬스라는 것은 여러 가지 상황이 모두 잘 맞아떨어져서 자기 나름대로 100% 성공할 수 있다는 판단이 들었을 때가 가장 좋은 찬스라는 사실을 명심해야 한다. 다시 말해 주기적으로 '이제 공갈 한번 시도할 때가 되었구나'라는 식으로 공갈의 시기를 잡아서는 절대 안 된다는 뜻이다.

또 경우에 따라서는 패가 너무 안 들어와서, 그 패의 흐름을 바꾸기 위해서 공갈을 시도하는 경우도 상당히 많다. 물론 충분히 가치 있는 발상인 것만은 틀림없는 사실이다. 하지만 패가 잘 풀리지 않고 이상하게 꼬이는 날은 공갈을 시도해도 잘 성공되지 않는 법이다.

공갈은 지는 패를 가지고서 상대를 죽이고 승리를 강탈(?)하는 것이기에, 모든 조건과 상황이 여러분이 판단했던 대로 한치의 오차 없이 적중해야 성공 가능성이 높아진다. 그런데 어차피 상대의 패를 100% 완벽하게 읽을 수는 없는 것이기에 나머지 10~20% 정도의 변수는 그 날의 재수와도 상관이 있다고 보아야 한다.

그런데 패가 생각대로 잘 안 풀리고 이상하게 꼬이는 날이라면 일단 재수가 좋은 날이라고는 볼 수 없기 때문에 무리한 승부나 큰 공갈 역시도 피해야 한다.

6구까지의 상황을 여러분이 100% 정확하게 판단하여 공갈을 시도했는데, 상대가 6구에서 콜을 하고 히든에 가서 노리던 것을 못 뜨면 죽을 판인데 히든에서 필요한 것을 뜨게 된다면, 이건 정말 인력으로는 어쩔 수 없는 일이다. 한 마디로 진짜 재수 없는 경우라고밖에는 할 수 없다. 그렇기에 되는 날은 공갈도 잘 성공하며, 안 되는 날은 공갈도 잘 안 통하는 법이다.

갬블을 좋아하는 사람들 사이에서 흔히 '노름은 안 되는 날 새가슴이 되어야 한다'는 말이 있다. 이 말은 비단 세븐오디 게임뿐만 아니라 어떤 종류의 갬블에서든 꿈에서도 잊지 말아야 할 명언 중의 명언이다.

안 되는 날 무리해서 계속 덤벼봐야 피해만 더해질 뿐이고, 거기서 좀 더 심해질 때 사고가 생긴다. 그러나 안 되는 날 무리하게 승부를 하지 않는다면, 반드시 그 다음에는 여러분에게도 기회는 찾아온다는 사실을 명심해야 한다. 안 되는 날 일찍 손을 털고 미련 없이 일어설 수 있는 사람, 그러한 사람이야말로 험하고 험한 포커게임의 세계에서 진정한 강자로 살아남을 수 있는 사람이라고 필자는 확신한다.

다시 공갈에 대한 이야기를 계속해보자. 필자는 여지껏 수많은 포커게임을 보아왔지만, 공갈을 많이 시도하는 사람들의 성적은 언제나 좋지 않은 쪽이었다고 잘라서 말할 수 있을 정도이다. 시도 때도 없이 공갈로써 판을 이끌어가려는 것은 자살행위나 마찬가지라는 이야기다. 상대들이 모두 '저 사람은 공갈이 엄청 많은 사람'이라고 생각했을 때는 이미 더 이상 공갈이 통하지 않는다.

앞에서도 말한 대로, 큰 판에서 1~2번 공갈을 시도하여 상대들에게 그러한 인상을 강하게 심어준 뒤 이후로는 진카만을 가지고 승부하는 것도 알아둘 만한 좋은 방법이다. 그리고 어찌 되었건 공갈은 절대 자주 시도해서는 안 된다는 사실만은 두고두고 명심해야 한다.

그렇다면 과연 어느 정도로 공갈을 시도하는 것이 가장 효과적일까? 이것은 물론 여러 가지의 모든 상황이 시시각각으로 변하고 바뀌기 때문에 일정한 정석이라고 할 수는 없지만, 아무리 자주 공갈을 시도한다 하더라도 네 번의 베팅 중 한 번 이상의 비율을 넘어서는 안 된다.

즉, 4번에 한 번 정도라면 상당히 자주 공갈을 시도하는 것이라는 뜻이다. 그렇기에 보통은 6~7번의 베팅 중 한 번 정도가 공갈의 횟수로 가장 적당하다. 하지만 4번 중 한 번 또는 6~7번 중 한 번이라고 해서 이것이 4판 중 한 판 또는 6~7판 중 한 판이라는 의미로 생각해서는 곤란하다.

여기서 말하는 4번, 6~7번이라는 것은 승부가 걸렸을 때 마지막에 여러분이 베팅을 하는 상황의 횟수를 의미한다. 여러분이 게임 도중에 죽은 판은 횟수에 들어가지 않는다. 그랬을 때 아주 자주라면 4번 중 한 번, 적당한 정도라면 6~7번에 한 번 정도의 비율로 공갈 베팅을 하는 것이 적당한 수준이라는 것이다.

물론 그렇다고 해서 '이번이 네 판째니까-', '이번이 여섯 판째니까-'라는 식으로 공갈을 시도하는 사람은 없겠지만 네 판, 여섯 판이 아니라 열 판, 스무 판이 지나도 적당한 기회가 오지 않으면 안 할 수도 있고, 좋은 찬스가 이어진다면 더 자주 공갈을 시도할 수도 있다. 하지만 전체적인 비율로 보았을 때 게임을 효과적으로 운영하기 위해 사용하는 적당한 공갈의 수준은 그 정도라는 것을 머릿속에 넣어두기 바란다.

공갈을 시도하지 않고서도 이길 수만 있다면 굳이 공갈을 시도할 필요가 없다. 공갈이라는 위험성 많고 무리가 따르는 편법을 사용하지 않고서도 이길 수만 있다면 그것보다 더 좋은 방법은 없으리라.

그러나 포커게임을 하다 보면 공갈을 전혀 사용하지 않고서는 게임하기가 참으로 어렵다는 것을 알게 되고, 또 거의 대부분의 사람들이 자연스럽게 공갈의 매력을 느끼게 된다. 어차피 사용해야 할 공갈이라면 조금이라도 그 성공 가능성이 높은 방법을 선택하고 싶은 것은 포커게임을 하는 사람이라면 누구라도 똑같은 마음이다.

그래서 우리는 지금까지 여러 가지 공갈에 대한 노하우를 공부해 왔고, 또 그것을 실전에 잘 사용하기 위해 여지껏 노력해 왔다.

공갈이란 성공할지 실패할지 아무도 알 수 없고, 그 열매가 달콤한 것에 비례하여 실패했을 때의 피해 또한 상당히 크다. 그래서 기본적으로는 가능한 대로 공갈은 자주 시도하지 말아야 한다.

어떠한 경우에라도 공갈을 시도하지 않고서 이길 수만 있다면, 공갈은 자주 시도하지 않을수록 좋다. 하지만 여러 가지 상황으로 미루어 공감을 시도할 적절한 시기라고 판단된다면 과감하게 시도 해볼 가치도 분명히 있다는 것을 잘 알아두기 바란다.

잡히기 위한 공감을 시도해라

공감은 기본적으로 너무 자주 시도해서는 안 되고, 상대의 공감을 잡으려고 노력하는 것도 올바르지 않은 운영 방법이다. 이처럼 공감을 게임의 주된 운영 방법으로 사용해서는 안 된다는 사실은 이미 여러차례 언급한 바 있다.

그렇다면 공감은 어떤 의미를 가지고 시도해야 할까? 공감을 시도하는 의도는 지고 있는 패로 상대를 기권시키고 판에 쌓여 있는 돈을 가지고 오기 위한 목적뿐일까? 아니다. 물론 그것도 중요한 하나의 목적임에는 틀림없지만, 공감을 시도하는 목적은 그 이외에도 여러 가지가 있다.

첫째, 밑밥의 의미로

둘째, 게임의 흐름을 바꿔 보기 위해

셋째, 상대의 스타일을 파악하기 위해

넷째, 판의 주도권을 잡기 위해

공갈은 이처럼 많은 의미를 담고 있다. 따라서 공갈은 실패하더라도 여러 가지 의미와 여운을 남기게 된다. 그래서 성공, 실패 여하를 떠나 간혹 시도해볼 가치가 있다.

공갈을 편안하고 쉽게 이용하려면 '첫째, 밑밥의 의미로'라는 부분을 가장 먼저 떠올리면 된다. 즉, '잡혀도 좋다' 아니 숫제 '잡히려고 공갈을 시도한다'는 정도로 편안하고 가벼운 마음으로 공갈을 시도할 줄 알라는 뜻이다.

초조한 마음을 가지고 불안에 떨며 공갈을 시도하지 말고 잡혀도 좋다는 편안한 마음으로 공갈을 시도하게 되면 훨씬 더 매끄럽고 자연스러운 레이즈로 이어지며 심리적으로 훨씬 더 여유가 생길 수 있다. 물론 그런 마음을 가진다고 해서 실패할 공갈이 성공으로 바뀌는 경우야 드물겠지만 최소한 공갈 실패로 인한 심리적 위축이나 뚜껑 열림 같은 현상은 일어나지 않을 것이 아닌가?

그리고는 '자식아, 어차피 그건 밑밥이야. 보여주려고 일부러 공갈 한 번 쳐본 거야'라는 식으로 스스로를 위안하면 된다.

이렇듯 여러분이 가벼운 마음으로 공갈을 시도했을 때, 그 공갈은 성공할 수도 있고 실패할 수도 있다. 성공했을 경우에는 기회를 봐서 또 다시 시도하면 되지만, 두 번 정도 계속 실패하게 되면 그때부터는 당분간 공갈을 시도해서는 안 된다.

여러분이 이미 상대에게 보여주기 위한 공감 즉, 잡히기 위한 공감을 시도했고 그것이 두 번 정도 상대에 의해 체포됐다면 그때부터는 모두가 '아, 저 친구는 공감을 가끔 시도하는구나'라는 인식을 하게 된다. 이럴 때 계속 공감을 시도하면 안 된다는 사실쯤은 세 살 먹은 어린아이들도 잘 알 수 있다. 따라서 이때부터는 당분간 좋은 카드만을 가지고 승부해야 한다.

보통 사람들보다 지능지수가 떨어지는 사람들만 모여서 포커게임을 하는 것은 분명 아닐 텐데, 이상하게도 이러한 공감의 밑밥 효과는 의외로 크게 나타난다. 공감으로 3~5 정도를 두 번 정도만 투자해서 그런 인식을 심어주고 나면, 그다음에 좋은 카드를 잡았을 때 20~30의 베팅을 해도 훨씬 더 부담 없이 확인을 해준다. '혹시 또 공감일지도 모르니까…'라는 기대감을 이미 머릿속으로 느끼고 있기 때문이다.

어찌 보면 참으로 단순한 수법이기 때문에 조금만 생각해보면 걸려들지 않을 수 있는 함정임에도 불구하고 포커게임 테이블에 앉아 있는 거의 대부분의 사람들이 생각보다 참으로 쉽게 걸려든다. 그렇다면 앞에서도 언급했듯이 포커게임을 즐기는 사람들이 머리가 나빠서 일반 사람들이라면 충분히 감지할 수 있는 이러한 함정을 모르는 것일까?

절대 아니다. 그렇다면 왜 이런 기본적이고 단순한 함정에 빠지는 어리석은 행동을 늘 되풀이할까?

그것은 바로 공갈이 가지고 있는 특성 때문이라고 필자는 단언한다. 포커게임을 즐기는 사람들 중 100명이면 99명은 똑같은 10이라는 소득을 얻었을 때 그 소득이 좋은 패를 가지고 이겨서 얻었을 때보다 부들부들 떨며 고민 끝에 상대의 공갈을 체포해서 얻은 소득일 때가 훨씬 더 큰 기쁨을 느끼게 된다. 똑같은 10의 소득인데 후자 쪽이 훨씬 더 큰 기쁨을 느낄 수 있다는 점은 누구든 동의하리라 생각한다.

그런데 사실은 전자나 후자 모두 이기는 패로 이긴 것일 뿐이다. 단지 한 가지 차이점은 전자가 10의 소득을 올렸다면 후자는 원래 4~5정도의 소득을 올릴 상황인데 그것이 상대의 공갈로 인해 10이 되었다는 점이다.

얼핏 보면 전자와 후자의 차이는 이것 한 가지뿐인 것처럼 보일 수도 있다. 그러나 여기서 여러분이 간과하고 넘어가서는 안 될 아주 중요한 포인트는 후자의 경우 4~5의 소득을 올릴 것을 10의 소득을 올렸다고 생각해서는 안 된다는 것이다. 후자는 만약 공갈을 체포하지 못하고 상대의 공갈에 여러분이 당했을 경우 4~5의 소득이 아니라 4~5의 피해로 끝나는 상황이었다는 점이다.

바로 이러한 점 때문에 포커게임을 즐기는 거의 대부분의 하수들이 상대의 공갈을 체포하는 데 많은 매력을 느끼고, 상대의 공갈에 당하는 것을 용납하지 않으려 한다. 그렇기에 포커게임의 하수들은 바늘 끝만 한 가능성이 있어도 잘 죽으려 하지 않는다.

특히 하수들은 웬만한 족보만 되어 있으면 좀처럼 카드를 꺾지 않는다. 그런데 베팅이나 레이즈를 한 상대가 한 번씩 심심찮게 공갈을 보여주었던 인물이라면 더욱 죽기가 싫어지는 것은 어찌 보면 당연한 현상이다.

이렇게 된다면 여러분이 가벼운 마음으로 보여주기 위한 공갈을 몇 번 시도해서 입었던 피해보다 몇 배의 소득을 단숨에 거둬들일 수 있지 않겠는가?

모쪼록 향후에는 '죽어도 먹어야 돼!'라는 절박한 마음으로 공갈을 시도하지 말고, 잡혀도 좋다는 여유로운 마음으로 잡히기 위해 공갈을 시도한다는 편안한 마음으로 공갈 베팅을 잘 이용하여 한 단계 더 높은 고수가 될 수 있기를 바란다.

재미있는 포커 이야기_2

두뇌스포츠

중국의 작은 거인 덩샤오핑鄧小平이 자신의 3대 장수 비결 중 하나로 포커게임을 꼽았다는 사실, 그리고 미국의 유일한 4선 대통령 프랭클린 루즈벨트Franklin Roosevelt가 워싱턴주 포커 챔피언까지 지낸 실력자였다는 사실을 알고 있는 사람은 그리 많지 않다.

이처럼 한 나라의 위정자들이 좋은 게임으로 즐길 만큼 동서양을 막론하고 신사적인 게임의 대명사로 인정받고 있는 포커게임이 왜 우리나라에서는 '포커=도박'으로만 받아들여지는지 안타깝다.

몸에 좋은 약도 과하면 독이 되듯이 무엇이든 과하면 부작용이 있는 것은 마찬가지다. 술 또한 그렇다. 적당히 즐기면 혈액순환에 도움이 되고 가라앉은 기분을 상승시켜주며 없던 용기를 생기게 하는 등 좋은 역할을 하기도 하지만, 지나쳤을 경우에는 자신의 몸과 정신을 상하게 할 수도 있다.

이런 면에서 보았을 때 포커를 무조건적인 도박으로 단정하는 것은 너무 가혹하다. 실제로 포커를 즐기고 있는 대부분의 사람들이 도박의 의미로 포커를 하는 것이 아닌데도 포커에 대한 세상의 이목은 항상 준엄하다.

물론 포커는 우리의 말초신경을 가장 강하게 자극하는 돈을 걸고 하는 게임이기 때문에 사행심을 조장한다는 의미에서 문제가 있는 것이 사실이다. 하지만 포커게임을 하나의 취미생활로 본다면 돈에 대한 문제 역시 조금은 이해할 수 있으리라 생각한다.

즉, 어떤 취미생활을 하더라도 성인 남자라면 일정 비용은 들게 마련이다. 따라서 포커게임에 사용하는 돈의 규모가 다른 취미생활에 드는 비용보다 현저한 차이가 날 정도로 많다면 그것은 분명 문제지만, 그렇지 않을 경우에는 포커게임도 하나의 게임으로 봐야하지 않느냐는 뜻이다.

그랬을 때 포커게임에서는 많은 것을 얻고 배울 수 있다. 변화하는 상황에 대응하는 정확한 판단력, 자신의 때를 기다릴 줄 아는 인내력, 과욕과 미련을 버리는 자제력, 승부처라고 생각할 때 밀어붙일 수 있는 결단력과 배짱, 그리고 순간순간 결정해야하는 끊임없는 선택의 연속 등등 모든 것이 우리의 인생에 절대적으로 필요한 요소라할 수 있다. 그래서 서양에서는 포커를 종합 두뇌스포츠라 말한다.

앞서 얘기했듯이 우리나라에서 포커게임을 도박으로서 하고 있는 사람은 전체의 1~2%에 불과하다. 그런데도 많은 사람이 즐기고 있는 포커게임을 한결같이 다 도박으로 매도한다면 이것은 지나치게 편협한 생각이 아니겠는가.

일전에 필자가 모 방송국에서 인터뷰를 하는데 담당 PD가 '나도 간혹 포커게임을 즐기지만, 그래도 지상파 방송에서 포커를 옹호할 수는 없다. 이해해 달라'고 말한 적이 있다. 자신들도 즐기고 있고, 100% 도박이라고 생각하지는 않지만 방송에서는 포커의 안 좋은 점을 부각시킬 수밖에 없다는 것이다. 그래서 그 인터뷰를 거절했던 적이 있다.

자신은 그렇게 생각하지 않지만 방송이기 때문에 어쩔 수 없다는 점은 충분히 이해할 수 있다. 그들은 우리나라 공공방송을 책임지고 있고, 방송에 나온 한마디는 예상외의 큰 파장을 일으킬 수 있기 때문이다. 하지만 이러한 것이 바로 우리 사회의 편협한 시각을 보여주는 한 단면인 것 같아 씁쓸했다.

포커를 도박으로 단정하는 우리 사회의 시각에서 과연 덩샤오핑이나 루즈벨트가 즐겼던 포커게임에 대해서도 과연 도박이라는 평가를 내릴까?

2장

공갈을 잡아내는 법

이제부터는 지금까지의 이론을 근거로 하여 '공갈을 잡아내는 법'에 대해 알아보도록 하자.

물론 이것은 기본적으로 '공갈을 잡아내려고 하지 마라'고 하는 큰 명제에 위배되는 것이지만, 상대가 베팅을 한다고 하여 언제나 무조건 인정할 수는 없다. 그렇다면 과연

어떤 경우에 콜을 하고 확인을 해야 하는가?

만약 지더라도 확인해볼 가치가 있는 것인가?

어떤 경우에는 인정을 하고서 죽어야 하는가?

한 가지씩 자세히 알아보도록 하자. 반드시 알아두어야 할 중요한 점과 실전 상황에서 가장 많이 나오는 경우만을 뽑아 설명하도록 하겠다.

상대의 성격과 스타일을 파악해야 한다

포커게임에 있어서 레이즈의 위력은 참으로 크다. 설사 레이즈를 했던 사람의 카드가 공갈이라 하더라도, 그것이 밝혀지기 전까지는 모두가 레이즈를 했던 사람에게 신경을 곤두세우고, 공포심을 느끼게 된다.

반대로 레이즈를 하는 사람의 입장에서 보면, 자신이 레이즈를 하면 모든 사람의 이목이 자신에게 집중된다는 것을 당연히 예상하고 있는 상황이다.

그런데도 레이즈를 하는 것은 정말로 자신있는 좋은 패를 가졌든지, 그렇지 않고 공갈일 경우라면 적어도 액면이라도 상대가 보았을 때 정확히 읽어내기 어려운 카드를 깔아놓았거나 남들이 메이드로 인정하기 쉬운 액면일 경우이다.

레이즈가 날아왔을 경우에 그 사람의 액면 카드를 보고서 패를 읽으면 한없이 높게만 보여지는 법이다. '상대의 카드를 높게 읽어주는 것', 이것은 물론 나름대로의 장단점이 있긴 하지만 결코 바람직한 현상은 아니다. 상대의 카드를 높게 인정한다는 것은 곧 자신의 패배를 인정한다는 뜻으로 연결되기 때문이다.

베팅을 하고 나갔다가 레이즈를 맞았을 경우에는 거의가 일단 자신이 이기기 힘든 상황인 것이 사실이다(자신이 아주 높은 패를 잡고 있을 경우는 제외).

대표적으로 6구에 하이 투페어로서 베팅을 하고 나갔다가 레이즈를 맞았을 경우, 거의 대부분이 '히든에 풀하우스를 못 뜨면 진다'는 기분을 느끼게 된다.

그리고 그러한 느낌은 실제로 70~80%이상 틀림없이 맞아떨어진다. 그렇기에 투페어에서 히든에 풀하우스를 뜰 생각을 버린 채 6구에서 포기하는 것이 올바른 방법이라는 것은 앞에서 여러 차례에 걸쳐 강조해왔다.

그렇다. 6구째에 죽는 것이 올바른 선택이다.

하지만 한 가지 중요한 점은 10번이면 10번, 20번이면 20번 모두 계속해서 죽기만 한다면 이것은 또 상대를 아주 즐겁게 해주는 게임 운영방법이라는 사실이다. 그렇기에 만약에 지더라도 가끔은 승부를 해볼 필요가 있다(여기서 승부를 해볼 필요가 있다는 것은 풀하우스를 떠보기 위한 것이 아니라, 풀하우스를 못 뜨더라도 끝까지 콜을 하여 상대의 카드를 확인해볼 필요가 있다는 뜻이다).

그런데 이것 역시도 적지 않은 부담이 따르므로 그 횟수를 가능한 대로 줄이고 또 '승부를 해볼 기회'를 조금이라도 더 가능성이 클 때로 선택하는 것이 무엇보다도 중요하다.

그랬을 때 레이즈를 한 상대가 평소에 공갈이 어느 정도 있는 스타일인지, 그렇지 않으면 진카만을 가지고 치는 스타일인지를 최대한 빨리 파악해두는 것이 중요한 포인트다.

물론 그것만 가지고서 상대가 공갈을 치는 것인지, 진카를 가지고 치는 것인지 정확히 잡아낼 수는 없다. 하지만 그래도 공갈을 자주 시도하는 사람을 상대로 승부를 거는 쪽이 조금이라도 확률이 높다는 것만은 틀림없는 사실이다.

만약에 내가 6구에 투페어를 가지고서 베팅을 하고 나갔다가 레이즈를 맞았을 경우, 6구에 콜을 하고서 7구(히든)에 가서 풀하우스를 뜰 수만 있다면 레이즈를 친 상대가 누구이든 상관없다.

하지만 투페어를 가지고 히든에 가서 풀하우스를 뜬다는 것은 일단 큰 기대를 하지 말아야 하기에, 6구에 레이즈를 친 상대의 스타일을 미리 정확하게 파악해둔다면 게임을 운영하기가 한결 수월해진다.

만약 상대의 스타일이 어떤지, 누가 공갈을 더러 시도하는 사람인지 잘 판단이 되지 않을 때는 우선 가장 베팅을 자주하고 게임을 이끌어 나가는 사람일수록 공갈의 횟수가 많다고 판단해도 무방하다.

이것은 너무나도 간단하고 당연한 이야기이다. 포커게임을 하는데 정말로 행운이 따라서 하루 종일 계속해서 좋은 패가 뜨지 않는한, 누구든 패는 비슷하게 들어온다고 봐야 한다.

그런데 남들보다 훨씬 더 베팅을 시원시원하게 자주 한다는 것은,

결국 그 사람은 카드가 아주 완벽하지 않더라도 베팅 또는 레이즈로써 상대를 죽이거나 약간은 무리한 승부를 시도하는 스타일이라고 단언할 수 있다(남들보다 훨씬 더 시원시원하게 베팅 또는 레이즈를 한다는 것은 자신이 먼저 베팅을 하거나 레이즈를 하는 것을 이야기하는 것이지, 나중에 콜을 자주 하는 사람을 의미하는 것이 절대로 아니라는 점을 명심해야 한다).

물론 베팅 또는 레이즈를 자주 한다고 하여 반드시 공갈이 많다고 단언할 수는 없지만, 분명한 것은 그러한 사람일수록 공갈 또는 공갈에 가까운 카드가 훨씬 더 자주 나온다는 사실이다. 이것은 상당히 중요한 의미가 있다.

지금 여기서 우리가 얘기하는 것처럼, 베팅이나 레이즈가 많은 사람이 베팅할 때는 기회를 잘 포착하여 공갈을 체포할 찬스를 노리든가, 그것보다 한 수 더 고차원적인 게임운영 방법은 베팅이나 레이즈가 많은 사람을 상대로 오히려 6구나 히든에 가서 이쪽에서 한 번 더 레이즈를 했을 때 승률이 생각보다 높다는 사실이다.

어차피 베팅이나 레이즈가 많은 사람은 완벽한 카드를 가지고만 베팅이나 레이즈를 하는 것이 아니기 때문에 상대가 더욱 강하게 나왔을 때는 바로 꼬리를 내릴 가능성이 많을 수밖에 없다. 아니, 실제로 자신의 패가 그다지 높은 패가 아닌 경우가 많기 때문에 상대가 더욱 강하게 나오면 꼬리를 안 내릴 수가 없다.

그렇다고 해서 반드시 그런 것은 아니고 이러한 '역공갈'도 자주 시도하면 위력이 떨어지는 것은 당연하다. 그러므로 적당한 기회가 왔을 때 여러 가지 상황판단을 나름대로 한 후에 아주 가끔씩 한 번 시도해본다면 그 효과는 상당히 크다는 것을 여러분 스스로가 바로 깨달을 수 있을 것이다.

지금까지 공갈을 잡아내는 데 있어서 상대의 스타일을 정확히 파악하는 것이 상당히 중요하다는 것을 강조해왔다. 이것은 누구도 부정할 수 없는 틀림없는 사실이다.

그런데 반대로 공갈이 별로 없고 진카만을 가지고 승부를 노리는 스타일의 사람이 있다면, 그러한 사람들을 상대로는 어떻게 공갈을 가려내야 하는가?

이것은 아주 간단하다. 그러한 사람을 상대로는 애초부터 공갈을 잡아내려는 생각을 하지 않으면 된다.

어차피 잘 시도하지도 않는 공갈을 체포하려고 계속 확인을 한다면 아주 간혹은 잡아낼 수도 있을지 모르지만, 득보다 실이 훨씬 더 많고 또 그러한 게임 운영은 처음에 얘기했던 대로 엄청나게 무모한 스타일이다.

그렇기에 처음부터 '공갈을 잡아내려고 하지 않는다'라는 기본적인 마음가짐을 가지고 있는 상태에서 여러 가지 상황과 상대의 스타일 등을 잘 파악하여 가끔씩 공갈을 체포하려고 시도해보는 것이 바람직하다는 것 일뿐, 절대로 공갈을 잡아내려고 하는 게임 운영을 즐겨서는 안 된다.

다시 한 번 강조하지만 공갈을 잡아내려고 할 때 가장 중요한 것 중 한 가지가 바로 상대의 스타일을 정확히 파악하는 것이라는 사실을 명심해야 한다.

히든에서 웬만한 카드를 가지고서 베팅을 하는 스타일인가, 아닌가를 먼저 파악할 것

이것은 앞의 '상대의 성격과 스타일을 파악해야 한다' 부분과 비슷한 이론이긴 하지만, 이 경우에는 특별히 히든카드에 가서의 베팅 상황이기에 나름대로의 중요성을 감안하여 따로 설명하겠다. 그리고 1권 『베팅편』의 베팅의 요령 중 '히든에서도 베팅을 해야 한다'의 이론과 연결하여 같이 이해하면 훨씬 더 빠르고 좋은 결과를 얻을 수 있으리라 생각한다.

앞에서도 언급했듯이 거의 대부분의 하수들은 히든에 가서 아주 좋은 패를 가지고 있지 않는 한 삥, 체크 또는 콜, 굿 등으로 그 판을 마무리하려고 하는 아주 좋지 않은 습관을 가지고 있다.

이것은 참으로 상대를 편안하게 해줌과 동시에, 자신이 이기는 상황에서 70의 소득을 올릴 수 있는 패를 가지고서 40~50정도의 소득밖에 올리지 못하게 되는 결과를 초래하는 경우가 많다.

물론 더 큰 이득을 노리다가 피해를 입는 경우도 있다. 하지만 히든에서 하이 투페어나 트리플등을 가지고 있을 때 '이길 수 있다'는 나름대로의 생각이 든다면, 조금이라도 더 베팅을 하여 상대로부터 콜을 유도해낼 수 있어야 한다.

그럴 수 있는 실력의 소유자라면 그는 이미 어느 정도 이상의 고수대열에 들어가 있는 사람이라고 보아도 틀림없다. 그렇다면 과연 히든에서의 베팅과 공갈을 체포하는 요령이 어떤 관계가 있는지 지금부터 알아보기로 하자.

예를 들어 포커를 좋아하는 S라는 사람이 있다고 하자. 그런데 이 사람이 바로 히든에 가서 자신이 스트레이트 또는 트리플과 같은 카드를 잡고 있을 때 상대가 2명 정도 남아 있는 상황이라면(특히 자신이 보스일 때) 항상 뻥을 달고 나오는 스타일이라고 하자.

그렇다면 과연 이러한 사람이 히든에 베팅을 하고 나올 때는 어떠한 카드일까? 그것은 너무나 당연하다. 그 이상의 카드가 되든지 그렇지 않으면 공갈이라는 것으로 결론이 나온다.

경우에 따라서 약간의 차이는 있겠지만, S와 같은 스타일의 사람이 히든에 베팅을 하고 나올 경우, 진카를 가지고 있다면 아주 높은 메이드가 있을 확률이 상당히 높다는 이야기이다.

그렇지 않고 진카가 아니라면 하이 투페어 정도의 카드는 나올 확률이 거의 없고, 공갈이라는 이야기가 된다. 왜냐하면 평상시의 스타일로 미루어보아 트리플이나 스트레이트와 같은 카드를 가지고도 히든에 가서는 거의 베팅을 하지 않고 삥을 달고 나오는데, 하이 투페어 같은 카드를 가지고 히든에 베팅을 하고 나올 리는 더 더욱 없기 때문이다.

S와 같은 스타일의 사람이 히든에 베팅을 하고 나올 때는(특히 자신의 베팅위치가 보스일 때) 꽤 높은 메이드가 아니면 공갈의 둘 중 한 가지로 압축된다.

실제로 가장 일반적으로 상대들이 겁내는 하이 투페어나 트리플과 같은 카드는 거의 나오지 않는다는 것이다. 그렇다면 S의 카드는 메이드가 되었는지 아닌지만을 잘 판단해본다면 답이 훨씬 쉽게 나올 수 있다.

S와 같은 스타일의 사람일수록 공갈이 별로 없는 것이 사실이고, 또 경우에 따라서 약간의 상황차이가 있는 것은 사실이다. 하지만 어차피 S와 같은 스타일의 사람이라도 100% 진카만을 가지고 베팅을 하는 것은 아니라고 볼 때 분명히 공갈은 있을 수 있다.

특히 S와 같은 스타일의 사람들은 자신의 액면이 나쁠 때는 절대로 공갈이 없지만, 자신의 액면이 메이드처럼 보이기 쉬울 때(특히 플러시 쪽으로) 공갈이 간혹 나온다. 이것이 바로 하수들의 가장 큰 공통점이다.

바꾸어 말해서 하수들일수록 자신의 액면이 나쁜데도 베팅을 한다는 것은 거의 100% 무엇인가 좋은 카드가 숨겨져 있다고 보아도 무방하다는 뜻이다.

이것은 대단히 중요한 이야기 중 하나로 『공갈편』의 공갈을 치는 법 중 '6구에서 자신의 액면이 나쁠 때(고수에게), 자신의 액면이 좋을 때(하수에게) 공갈을 시도하라' 부분과 함께 연결해서 이해하기 바란다. 이렇듯 S와 같은 스타일의 사람을 상대로 게임을 한다면 아주 편안하게 게임을 할 수가 있다.

그런데 반대로 『베팅편』의 베팅의 요령 중 '히든에서도 베팅을 해야 한다' 부분을 잘 이해하고 있는 상대(이 사람을 편의상 H라고 부르자)와 게임을 하게 된다면 히든에 가서도 H의 카드를 파악하기가 굉장히 힘들어진다. H가 히든에 베팅을 하고 나왔는데 그의 카드가 과연 무엇인지? 하이 투페어인지, 트리플인지, 메이드인지, 아니라면 공갈인지 진단 내리기가 S라는 사람과 비교했을 때 훨씬 더 어렵다.

거의 모든 사람들이 H 같은 사람과 정면승부를 할 경우에는 적지 않은 부담을 느끼게 되지만, S와 같은 스타일의 사람과 승부할 때는 그다지 큰 부담을 느끼지 않는다.

포커게임을 하는 데 있어서 상대가 "저 사람은 왠지 부담스럽다.", "저 사람한테는 자신 있어."라는 식으로 느끼는 그 차이는 실전 게임에서 참으로 엄청난 영향을 준다. 상대를 겁내고 두려워해서는 그 게임은 이미 반 이상 지고 있는 것이며, 상대를 만만하게 보고 자신감을 가지고 여유 있는 게임 운영을 한다면 그것은 이미 반 이상 이기고 있는 것이다.

그만큼 포커게임 역시도 다른 모든 운동경기들과 마찬가지로 상대를 정확히 파악하고 그에 따른 올바른 대응방법을 잘 이용할 때 훨씬 승률은 높아진다.

그렇기에 상대의 스타일이 히든에 가서 '어떤 카드를 가지고서 베팅을 하는 스타일'인지를 되도록 빠른 시간 내에 정확히 파악하는 것이 얼마나 중요한가는 재삼 강조할 필요가 없다고 생각한다.

 ## 내 액면을 보고는 레이즈를 할 수 없는 상황인데도 레이즈가 날아올 때

이것은 약간 고차원적인 방법이기에 의미를 잘 이해하여야 한다. 그리고 또 이 이론은 작은 판이 아닌 어느 정도 이상이 되는 큰판에서 많이 적용되며, 반드시 히든에 상대방에게서 레이즈가 날아왔을 때의 상황을 이야기하는 것이라는 점을 명심하기 바란다.

이것은 그리 흔하게 나오는 경우가 아닌 것은 사실이지만, 베팅과 공갈의 요령 가운데 중요한 한 가지로서 반드시 알아두어야 할 가치는 분명히 있다.

이 경우 가장 대표적인 케이스가 바로, 나의 액면에 높은 원페어 (A, K, Q)를 깔아놓고 히든에 베팅을 하고 나갔는데 레이즈를 맞았을 경우이다. 이것은 상대가

① 스트레이트 또는 플러시 등의 메이드로서 나의 카드를 투페어나 트리플로 생각하고 콜을 받아먹으려고 할 경우

② 실제로 무지무지하게 좋은 카드를 가지고 있어서(포카드, A풀하우스 등) 나에게 무조건 이길 자신이 있을 경우

③ 나를 하이 투페어, 또는 하이 원페어로 보고 공갈로써 죽이려고 할 경우

①~③의 세 가지 케이스 중 한 가지인 것만은 누가 생각하더라도 틀림없는 사실이다.

그러면 과연 상대가 ①, ②, ③ 가운데 어떤 카드를 가지고서 베팅을 했으며, 또 ①, ②, ③ 각각의 가능성이 어느 정도 되는지(100% 정확하게는 알 수 없지만), 조금이라도 더 사실에 가까운 판단을 해보

도록 하자.

그래서 판단을 한 후 어떤 상황에서 상대를 인정해야 하는지 또 어떤 상황에서 상대의 카드를 '이번에는 정말 별게 없어'라는 나름대로의 확신을 가지고 콜을 하고 확인해볼 가치가 있는지를 지금부터 한 가지씩 알아보자.

우선 ①의 경우는 일단 누구라도 쉽게 결행하기 어려운 확신에 가까운 정확한 판단력을 가지고 있는 실력자만이 시도할 수 있는 아주 높은 차원의 베팅 실력이라고 할 수 있을 정도로 어렵다.

누구든 웬만한 메이드를 가지고 있는데 히든에 상대방이 액면에 페어를 깔아놓고서 베팅을 하고 나오면, 일단은 "저거 풀하우스 아니야?"라며 추위부터 느끼고 콜을 하는데 급급한 정도이지 레이즈를 생각하는 사람은 거의 없는 법이다(물론 똑같은 상황이 6구에서라면 상황은 완전히 달라진다).

그렇기 때문에 ①과 같은 상황은 상대방이 중원의 무대를 휩쓸 정도의 고수가 아니라면, 또는 이것저것 전혀 모르는 아주 하수가 아니라면 실제로는 거의 일어나기 쉽지 않은 상황이라고 보아도 무방하다(어느 정도 이상의 큰 판에서는 절대적이다).

이 이론을 이해하게 되면 결국, 내가 액면에 페어(특히 하이 페어)를 깔아놓고서 히든에 베팅을 하고 나갔는데 상대에서 레이즈가 날아오는 것은 거의 ②와 ③의 경우가 대부분이라고 볼 수 있다.

그런데 누구라도 알고 있듯이, ②와 같은 경우는 레이즈를 한 상대의 액면과 여러 가지 빠진 숫자 등등으로 조금은 판단의 실마리를 잡을 수 있으며(상대가 워낙 좋은 카드이기 때문에), ②와 같은 경우가 아니라면, 앞의 설명대로 플러시나 스트레이트와 같은 카드를 가지고서는 레이즈를 하기는 아주 어려운 상황이기에 ③의 상황이 될 확률이 꽤 있다는 결론이 나온다.

그렇기에 이 때 역시도 레이즈를 한 상대방의 평소 게임 스타일을 미리 잘 파악해두고 있는 상태라면 상대에 따라서 여러 가지 상황을 잘 종합 판단하여 공갈을 잡아내는 시도를 해볼 가치가 있다.

하지만 이것은 상당한 수준의 실력이 뒷받침되어야 할 정도로 위험부담이 크게 따르는 만큼, 그저 '이러한 것도 있다'라는 정도로만 알아둔 채 바로 실전에 적용하라고 권하지는 않겠다.

여러분의 실력이 기본적인 모든 것을 완벽하게 이해하고 실전에 능수능란하게 이용할 수 있는 단계를 초월한다면, 그 때에 가서는 지금의 이야기가 피부에 와 닿게 될 것이다.

그렇게 되고 난 후에 실전에 이용할 것인가, 말 것인가를 결정해도 늦지 않는다.

5구째에 '5-6-8'과 같이 가운데 이빨 빠진 스트레이트성 카드를 깔아놓고서 땅-땅- 또는 레이즈를 치는 경우

(5구 현재 '5-6-7-8'의 양방 스트레이트일 가능성이 높다)

이것은 실제 상황에서 참으로 자주 접하게 되는 케이스이다. 쉽게 얘기하자면, 5-6-8의 액면에서 6구째에 4 또는 9가 떨어져서 스트레이트 메이드가 된다는 것은 5구에 이미 7을 손안에 가지고 있어서 양방 스트레이트의 높은 가능성이 있는 상황이다.

이러한 상황이라면 5구째 베팅에서 땅-땅- 또는 레이즈를 해볼 수도 있는 상황이며 또 상대가 그런 베팅을 했을 때 충분히 콜을 하고서 승부를 걸어볼 수 있는 상황이다.

그런데 5-6-8을 5구째에 깔아놓고서 땅-땅- 또는 레이즈를 스스로가 했거나, 상대가 했을 때 콜을 하였는데 6구째에 7이 떨어지면 과연 이러한 상황은 어떻게 판단해야 하겠는가?

한 마디로 말해서 특별한 상황(뒤에 설명)을 제외하고는 거의 70~80%이상 메이드가 아니라고 보아도 무방하다. 왜냐하면 5구째에 5-6-8의 액면을 놓고서 6구째에 7이 떨어져 액면은 아주 좋아 졌지만, 7이 떨어져서 스트레이트 메이드가 되었다는 것은 5구에서 '빵꾸 스트레이트'를 가지고 땅-땅- 또는 레이즈를 했거나 상대가 그러한 레이즈를 했을 때 들어왔다고 보아야 한다.

실제로는 카드의 가장 기본적인 실력만 가지고 있는 사람이라면 이러한 식의 베팅이나 게임 운영은 결코 하지 않는다.

그렇기에 그러한 상황에서 6구째에 7이 떨어지는 것은 액면상으로는 4 또는 9가 떨어지는 것보다 상대에게 훨씬 겁을 주는 액면이긴 하지만, 베팅 상황을 참고하여 잘 판단해본다면 어떤 숫자가 떨어졌을 때가 메이드의 가능성이 많은지는 금방 알 수 있다.

즉, 보통 판보다 어느 정도라도 거센 베팅의 판인데도 5-6-8을 깔아놓고서 승부를 포기하지 않는 것은 일단 양방 스트레이트 또는 이미 5구째 스트레이트 메이드가 되어 있을 수도 있는 상황이라고 보아야 한다는 뜻이다.

이러한 상황에서 6구째에 4 또는 9가 떨어지게 되면 메이드의 확률이 상당히 높아지며, 6구째에 7이 떨어지는 것은 이미 5구에 메이드가 된 것이 아니라면 손안에 가지고 있던 7과 페어가 되었을 뿐 6구째 메이드가 되었을 확률은 특별한 경우를 제외하고는 그리 높지 않다고 생각해도 좋다는 것이다.

그러면 특별한 경우는 어떤 경우를 뜻하는 것인지 한 가지씩 알아보기로 하자.

① 이미 5구에 메이드가 되어 있는 경우

② 5-6-8을 깔아놓고 있는데 실제로 노리는 것은 플러시 쪽의 포플러시로서, 7이 왔을 경우(덤으로서 '스트레이트 이빨 끼우기'가 맞았을 때)

③ 5-6-8을 깔아놓고 손에는 3-4를 들고 있어서 3-4-5-6으로 양방 스트레이트 비전이 될 경우

④ 5-6-8을 액면에 깔아놓고 손에는 '4와 8', '4와 4', '6과 9'와 같이 원페어와 '스트레이트 이빨 끼우기'를 동시에 볼 경우

①~④의 네 가지 경우가 앞에서 말한 특별한 경우에 해당하는 것이라 할 수 있다.

그러나 ④의 경우에는 일단 거센 베팅을 받고서 승부를 하는 것이 상당히 무리한 상황이라고 볼 수 있다. 결국 가능성은 ①~③의 세 가지로 압축된다고 보고, 이 세 가지 중의 어떤 케이스도 아니라면 일단 6구에 7이 떨어지는 것은 메이드의 확률이 거의 없다고 볼 수 있으며, 이때는 6구에 4 또는 9가 떨어지는 것이 훨씬 더 신경을 곤두세워야 하는 상황이다.

그렇다면 5-6-8의 액면에서 7이 떨어졌을 때 주의해야 할 상황은 어떤 경우인가?

그것은 아주 간단하다. 5구에서 별다른 땅-땅-이나 레이즈와 같은 베팅이 없이 서로 기본적인 베팅 한 번과 콜만을 한 상황이라든가,

아니면 모두가 체크, 굿을 한 상황과 같이 아주 평범한 판에서는 6구에 7이 떨어지는 것이 4나 9가 떨어지는 것보다 훨씬 메이드의 가능성이 많다.

한 번 더 반복해서 설명한다면, 가장 중요한 것은 5-6-8을 5구째에 깔아놓고 있는 카드가 5구에서 양방 스트레이트인지, 아니면 이빨 끼우기 스트레이트인지를 5구의 베팅 상황으로서 정확히 판단해 두는 것이라는 점을 명심하기 바란다.

그렇기 때문에 6구에 상대가 스트레이트성의 액면(예: '7-10-8-9', '5-2-4-6', '9-8-J-10', '6-9-8-10'등)을 깔아놓고서 베팅을 하고 나올 때, 지금의 이론을 잘 이해하고 있는 상태에서 상대의 성격과 게임 스타일 등등을 종합 판단하여 어떤 경우에 "저건 메이드가 거의 없어." "저건 거의 메이드 상황이야." 하는 나름대로의 확신을 가지고서 승부를 한다면 훨씬 높은 승률을 기대할 수 있다고 확신한다.

물론 처음에는 많은 판단착오와 실패를 경험하겠지만, 모든 이론을 정확히 이해하고 확실한 찬스를 기다려서 대응한다면, 무작정 느낌 또는 기분만으로 상대를 대하는 것보다는 반드시 훨씬 높고 정확한 적중률을 기대할 수 있다.

그 결과 상대들이 당신을 대상으로 공갈을 시도하려고 하는 횟수가 상당히 줄어들게 된다.

플러시는 액면에 3장이 있을 때 공갈을 시도하고
스트레이트는 액면에 4장이 있을 때 공갈을 시도한다
(스트레이트는 액면에 3장이 있을 때는 거의 공갈을 시도하지 않는다)

포커게임을 하는 사람이면 누구나 상대의 액면에 플러시 쪽의 같은 무늬가 3장이 떨어지면 일단은 '저거 플러시 아냐?' 하며 어느 정도는 경계를 하게 된다. 그러나 상대의 액면에 스트레이트성의 숫자가 3('7-9-8', '7-8-5' 등등) 떨어진다 하여 '저거 스트레이트 아냐?' 하며 스트레이트를 경계하는 사람은 거의 없다.

공갈의 가장 중요한 포인트 중 한 가지가 바로 '상대가 인정해주어야 성공할 수 있다'는 점이다. 그런 의미에서 볼 때 플러시 쪽의 액면은 같은 무늬가 3장이 있을 때, 앞에서 얘기했듯이 누구라도 '저거 플러시 메이드 아냐?'라는 생각을 한 번씩은 모두 해보기 때문에 공갈의 찬스로서 시도하는 경우가 꽤 많은 것이 사실이다.

그리고 플러시 쪽의 그림이 액면으로 4장이 된다면 더더욱 그럴 확률이 높아지는 것은 당연하다. 모두가 어느 정도 인정을 하고 있는 상태이기 때문이다.

그런데 스트레이트성의 액면은 4장이 떨어져 있을 때 모든 사람들이 비로소 '아, 저거 스트레이트 메이드가 되었겠구나'라며 신경을 쓰고 인정하게 되는 것이 보통이다.

5~6구째에 '7-8-9' 또는 '5-6-8'등과 같이 3장의 스트레이트성 액면을 보고서는 누구라도 크게 신경 쓰지 않으며, 스트레이트 메이드로는 더더욱 인정하려 하지 않는다는 뜻이다. 그렇기 때문에 스트레이트성의 카드를 액면에 3장을 깔아놓고서는 웬만해서는 공갈을 시도하지 않게 된다. 아무도 인정을 해주지 않으니까.

그렇기에 여기서 우리가 알고 넘어가야 할 부분은, 스트레이트성 액면을 3장 깔아놓고서 6구에도 계속해서 베팅을 주도할 때는 반드시 무엇인가가 있을 확률이 높다(예를 들어, 하이 투페어나 트리플과 같은 카드 또는 실제로 스트레이트 메이드가 되어 있는 경우)는 점이다.

왜냐하면 대부분의 사람들이 인정하려 하지 않는데도 꿋꿋하게 베팅을 한다는 것은 베팅을 하는 사람이 정신병자가 아닌 이상 분명히 무엇인가 믿을 구석과 자신이 있는 것이기 때문이다. 이런 상황에서는 공갈이 나오기 어렵다는 뜻이기도 하다.

그러면 과연 어떠한 액면의 카드가 그런 것인지 간단하게 다음 그림으로서 몇 가지 예를 들어보기로 하자.

대표적으로 Ⓐ~Ⓒ와 같은 종류의 카드를 가지고서 6구에 레이즈를 하거나 베팅을 주도한다면 그것은 대부분 스트레이트 메이드일 확률이 가장 많고, 또 스트레이트 메이드가 아니라 할지라도 하이 투페어나 트리플과 같은 높은 카드가 6구 현재 되어 있을 가능성이 상당히 높다.

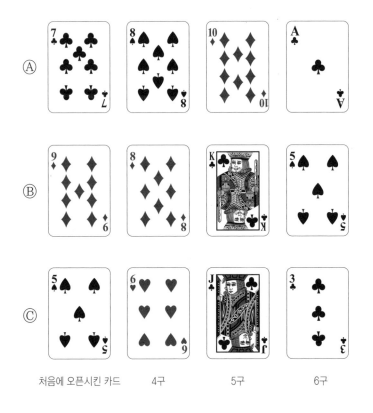

처음에 오픈시킨 카드   4구   5구   6구

처음에 오픈시킨 카드   4구   5구   6구

바꾸어 말해 앞에서도 얘기했듯이 누가 보아도 눈에 띄는 액면이
아니기 때문에 이러한 카드를 가지고서 공갈을 시도하는 사람은 거
의 없다는 의미이다.

Ⓐ～Ⓒ와 같은 액면을 가지고서 6구에 레이즈를 하여 공갈로써

상대들을 압도하여 그 판을 승리하였다면 그것은 가히 고수다운 탁월한 베팅 실력으로 만들어낸 승리다. 그렇기에 그러한 공갈을 잡아내려고 하는 것은 애초부터 무리이며 위험부담이 너무 크기에 아예 잡아내려는 생각을 버리는 것이 현명하다고 하겠다.

그것은 상대가 베팅을 잘해서 이긴 것이지, 당신의 실력이 없어서 공갈을 체포하지 못하는 것은 아니기 때문이다.

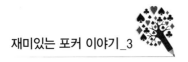

재미있는 포커 이야기_3

포커 10계명

수없이 많은 포커게임 현장을 다녀본 필자의 경험에서 볼 때 게임에서 패하는 하수들은 대부분 정석과는 정반대의 플레이를 하고 있었다.

어찌도 그리 정확하게 항상 정반대의 플레이를 할 수 있는지 불가사의할 정도였다. 차라리 아무 생각없이 플레이하면 2번에 한 번은 올바른 플레이를 할 수 있을 텐데 말이다.

그래서 아마추어 포커매니아들이 꼭 알아 두어야할 포커 십계명을 소개한다.

1. 페어를 가지고 승부를 걸어라

   어떤 경우든 마지막 카드에 자신이 원하는 패가 나올 확률은 20%를 넘지 않는다. 따라서 히든에 플러시나 스트레이트를 노리는 사람은 이미 지고 있는 게임을 하는 것과 마찬가지다.

2. 히든카드는 없는 것이라 생각해라

   포커는 6구에서 자신이 가지고 있는 패로 승부하는 게임이라고 생각하는 것이 좋다. 히든카드를 기대하지 말고 게임에 임해라.

3. 미련을 가지지 마라

   패배가 예상되는 상황에서는 '들어간 돈이 얼만데 여기서 죽어?'라는 식으로 그 때까지 들어간 돈에 대해 미련을 갖지 마라.

4. 공갈을 잡아내려고 하지마라

   언제든 상대의 공갈에 당할 수 있다는 편안한 마음가짐을 가져야한다. 의도적으로 상대의 공갈을 잡아내려 하는 것은 금물이다.

5. 끌려다니는 게임을 하지 마라

   콜을 하며 끌려다니는 것은 가장 안 좋은 운영방법이다. 자신이 게임을 이끌지 못할 판에서는 일찍 패를 덮어라.

6. 하이 투페어로서 이길 수 있다는 신념을 가져라

   여러분이 한 번 잡기도 힘든 메이드를 상대방이라고 자주 잡는 것은 아니다. 포커게임은 대부분의 승부가 하이 투페어로 결정된다는 것을 명심해라.

7. 많이 죽을수록 승률은 올라간다

많이 죽는다는 것은 무리를 하지 않는 것을 의미하며 동시에 확실한 때에만 승부를 건다는 것을 의미한다. 아마추어 포커인들은 이 말만 실천해도 승률이 몰라보게 향상되리라 확신한다.

8. 투페어에서 풀하우스를 뜨려는 생각을 버려라

투페어는 그 자체가 좋은 족보이지 절대로 풀하우스를 뜨기 위한 카드가 아니다. '밤새도록 투페어에서 풀하우스를 2번만 뜰 수 있다면 그날은 카드가 되는 날'이라 할 정도로 투페어에서 풀하우스를 뜨는 것은 어렵다.

9. 상대의 성격, 스타일을 파악해라

상대가 콜을 하고 따라 오는 스타일인지, 아니면 쉽게 인정해주는 스타일인지, 공갈을 많이 시도하는 스타일인지, 초이스 습관은 어떤지 등을 미리 파악해 그에 따른 대응책을 적절히 사용해야 한다. 지피지기면 백전백승이다.

10. 포플러시로 레이즈를 하지마라

포플러시는 상대가 몇 명이든 뜨면 1등, 못 뜨면 꼴등이다. 그래서 레이즈로 경쟁자의 수를 줄일 하등의 이유가 없다. 많은 사람을 데리고 가서 못 뜨면 그냥 죽고, 떴을 때 좋은 배당을 기대하는 것이 올바른 운영방법이다.

공갈을 잡아낼 때는
A원페어나 A투페어는 똑같은 카드

포커게임을 하는 데 있어서 A원페어와 A투페어의 차이는 참으로 엄청나다. 포커게임에서 2, 3판 중 1판 정도는 A투페어면 이길 수 있는데, A원페어에서 투페어를 뜨지 못해 지는 경우가 나올 정도로 A원페어와 A투페어의 차이는 무지무지하게 크다. 게임을 하다 보면 "에이, 여기서 투페어를 못 건지네."하며 A원페어(혹은 K원페어)에서 말랐다고 하여 히든에서 숨도 안 쉬고 카드를 꺾는 사람들이 참으로 많다. 물론 A원페어에서 투페어를 뜨느냐 못 뜨느냐에 따라서 승패가 결정되는 것이 대부분이긴 하다.

그러나 이 때 우리가 알아두어야 할 중요한 포인트는 A원페어에서 투페어를 뜨느냐 못 뜨느냐에 의해 승패가 결정된다는 것은 '히든에서 상대가 베팅을 하지 않고서 체크 또는 뼹을 달고 나왔을 경우'에 한해서라는 사실을 잊어서는 안 된다. 이 때라면 A투페어와 A원페어의 차이는 실제로 천당과 지옥이다.

그런데 히든에 상대가 베팅을 하고 나왔을 때는 상황이 몹시 달라진다. 히든에 상대가 베팅을 하고 나왔다는 것은 실제로 좋은 카드를 가지고 있어서 이길 자신이 있든지, 공갈이든지 둘 중 한 가지이다.

물론 대부분 좋은 카드를 가지고서 이길 자신이 있어서 베팅을 하는 것이겠지만, 공갈이 나올 가능성도 배제할 수는 없다.

여기서 우리가 생각할 수 있는 것은 히든에 베팅을 하고 나온 상대가 실제로 좋은 카드를 가지고서 자신 있게 베팅을 한 것이라면, A원페어든 A투페어든 어차피 이쪽에서 이길 가능성이 거의 없다고 보아야 한다.

만약 히든에 베팅을 하고 나온 그 상대가 공갈을 시도했던 것이라면, 마찬가지로 또 A원페어든, A투페어든, 이길 수 있는 똑같은 카드이다(공갈을 치는 법의 '투페어는 공갈을 시도하지 않는 카드' 부분을 참고하여 다시 한 번 잘 이해한다면 금방 피부에 와 닿을 것이다).

따라서 히든에 상대가 베팅을 했을 경우에는 A원페어에서 A투페어를 뜨는 것은 단지 기분상으로 위안이 될 뿐 실제로 승패에는 크게 영향을 주지 않는다. 그런데 실제 포커게임을 하다 보면 참으로 수없이 많은 하수들이 "에이 투페어를 못 뜨네, 투페어를 못 떠…." 하며 투덜거리는 소리를 들을 수 있다.

그러나 이제부터는 어떤 경우에는 반드시 A원페어(혹은 K원페어, Q원페어)에서 투페어를 떠야 하는지, 어떤 경우에는 A원페에서 A투페어를 뜨는 것이 승패에 큰 영향을 주지 않는지를 정확히 판단할 수 있어야 한다.

간단하게 한 번 더 요약하면, 히든에서 서로 큰 베팅이 없을 경우에는 A원페어에서 투페어를 뜨는 것이 바로 승리로 직결되는 상황이 틀림없다. 하지만 히든에서 상대가 베팅을 한 경우라면, A원페어에서 A투페어를 뜨는 것이나 못 뜨는 것이나 기분상의 차이일 뿐 승패에는 거의 영향을 주지 않는 상황이라는 것을 반드시 명심해두기 바란다.

그 이유는 앞에서도 얘기했지만, A원페어에서 A투페어를 뜬다는 것은 상대방이 오직 투페어를 가지고 있을 때만 그 의미가 있으며 그 이외의 경우에는 아무런 차이가 없는데, 상대가 만약 투페어일 경우에는 어차피 히든에서는 거의 베팅을 하지 않고 체크 또는 삥을 하기 때문이다.

 (히든에서) 상대가 액면에 원페어를 깔아놓고서 베팅을 하고 나올 경우

① 하이 원페어를 깔아놓고서 베팅을 하고 나올 경우
② 로우 원페어를 깔아놓고서 베팅을 하고 나올 경우

우선 ①의 경우에 대해 알아보기로 하자.

예를 들어 액면에 K원페어를 깔아놓고서 히든에 베팅을 하고 나올 경우, 당신은 그 패를 무엇으로 생각하겠는가?

무엇인가 메이드가 되었든가, 아니면 풀하우스이든가, 트리플 또는 투페어 아니면 K원페어로 말라서 상대를 죽이려고 베팅을 한 것일까? 그것은 아무도 알 수가 없다.

하지만 아주 중요하고 분명한 사실 한 가지는 K원페어를 액면에 깔아놓고서 히든에서 베팅을 한다는 것은 K투페어만은 거의 아니라는 점이다.

오히려 액면에 깔려 있는 K원페어로 말라서 'K투페어로 보아달라'고 베팅을 하는 경우는 흔하다.

하지만 어느 누구든지 '저건 K투페어야'라고 생각하고 있는 상황에서 실제로 K투페어를 가지고 있을 때는(정말로 최고 수준에 올라서 상대의 패를 나름대로 확신을 가지고 정확히 파악한 후 K투페어로 이길 수 있다고 생각하고, 상대방이 낮은 투페어로써 콜을 하기를 기대하며 베팅을 하는 정도의 정상급 고수가 아니라면) 히든에 베팅을 하는 경우는 거의 없다.

그런데 상대가 액면에 높은 페어를 깔아놓고서 히든에 베팅을 하고 나오면 거의 대부분의 하수들은 "저건 최소한 투페어 이상…"이라고 단정 지어 생각해버리고, 자신이 상대방의 액면에 깔려 있는 페어보다 낮은 투페어일 경우에는 숨도 안 쉬고 당연한 일인 듯 카드를 꺾어버린다.

하지만 여기서 우리가 알고 넘어가야 할 중요한 점은 당신이 낮은 투페어를 가지고 있는데 상대가 액면에 높은 원페어를 깔아놓고서 베팅을 하고 나왔을 때, 당신이 가장 겁내고 신경써야 할 상대의 카드는 풀하우스도, 플러시도, 트리플도 아니다. 바로 투페어이다.

어차피 상대의 카드가 투페어 이상이라면 지는 것은 마찬가지인데, 상대가 풀하우스든, 플러시든, 투페어이든 무슨 상관이 있겠는가. 그렇기 때문에 당신은 상대의 카드를 "아, 저건 최소한 투페어는 되겠구나."라며 생각하겠지만, 그것은 엄청난 판단착오이다.

오히려 "아, 죽어도 투페어는 아니구나."라고 판단하는 것이 훨씬 더 정확한 판단에 가깝다. 그 이유는 앞에서도 얘기했던 것과 같이, 액면에 하이 원페어를 깔아놓고서 실제로 투페어를 가지고 있을 때는 거의 모든 사람들이 히든에 삥으로 게임을 마무리하려고 하기 때문이다.

"죽어도 투페어는 아니다."라는 판단이 든다면 그 때부터는 여러 가지 상황과 어떤 카드들이 빠졌는지, 베팅을 한 사람의 평소 스타일은 어떤지 등등 모든 것을 종합 판단하여 나름대로 "저건 트리플 이상의 좋은 카드인 것 같다."라는 결론이 나오면 죽으면 된다. 그런데 그게 아니고 "저건 공갈이야, 원페어밖에 없어."라는 결론이 나왔다면 이때는 낮은 투페어로서 콜을 하고 승부를 충분히 걸어볼 수도 있다는 것이다.

물론 이런 경우에 위험부담이 따르는 것은 틀림없는 사실이고, 또 공갈을 잡아내려고 마음먹고 게임을 해서는 안 되지만, 여러 가지 상황이 맞아 떨어져서 당신의 판단에 확신이 들 때에는 과감하게 승부를 걸 줄도 알아야 한다.

어차피 포커게임의 끗발이라는 것은 누구에게나 비슷하게 들어온다고 생각했을 때, 나는 실제로 높은 카드를 한 번 잡기가 그렇게도 어렵고 힘든데 상대방이라고 해서 높은 족보를 쉽게 잡을 수는 없을 테니까 말이다.

지금까지의 설명을 간단히 요약하여 '상대가 액면에 높은 원페어를 깔아놓고서 히든에 베팅을 할 때는 80~90% 이상 투페어는 아니다', 이 한 가지 사실을 잘 이해하여 여러가지 상황에 잘 응용할 수 있다면 실전게임에서 당신의 성적 향상에 많은 도움이 될 것임을 확신한다.

그러면 이번에는 ②의 경우를 보기로 하자.

②의 경우도 근본적으로 ①과 비슷한 맥락으로 이해하는 것이 기본이지만, ①과 ②의 경우에는 결코 무시해서는 안 될 차이가 있다.

우선 ①의 경우는 액면에 높은 원페어를 깔아놓은 상태에서 히든에 베팅을 하는 것이고, ②의 경우는 액면에 낮은 원페어를 깔아놓고 베팅을 하는 것이기에 기본 상황에서부터 큰 차이가 있다.

결과부터 얘기하면 ①의 경우는 투페어가 거의 나오지 않는 상황이지만, ②의 경우는 하이 투페어(A, K, Q 정도)가 나올 가능성이 ①보다는 훨씬 높다는 점이다.

물론 훨씬이라고 하여 아주 자주 나온다는 것은 아니고 ①과 비교해서 그렇다는 정도로 이해하면 된다. 그렇지만 ②의 경우에서 낮은 투페어가 나올 확률이 거의 없다는 것은 ①의 이론과 동일하다.

그러면 왜 ②의 경우에는 낮은 투페어는 나올 가능성이 거의 없고, 높은 투페어(A, K, Q 정도)는 나올 가능성이 꽤 있는 것인지 알아보기로 하자.

우선 ②의 상황에서 낮은 투페어가 나올 가능성이 희박하다는 것은 ①의 이론과 거의 일치한다고 생각하면 되기에 따로 설명할 필요가 없다.

그런데 높은 투페어가 나올 가능성이 어느 정도 있다는 것은 액면에 낮은 원페어를 깔아놓고서 히든에 베팅을 하면 누구라도 그 카드를 정확히 읽는다는 것은 어렵다. 특히 그러한 상황에서 "저건 하이 투페어야."라고 판단하는 것은 더더욱 힘들다. 그렇기에 웬만한 투페어를 가지고 있는 사람이 콜을 하라고 베팅을 하는 상황이 될 수 있다.

①의 경우에는 하이 원페어를 액면에 깔아놓았기에 자신의 재산이 거의 드러난 상태에서 베팅을 해야 하는 것이다. 따라서 실제로 그 투페어를 가지고 있을 때는 거의 베팅을 하지 않지만, ②의 경우

에는 자신의 재산을 아무도 눈치 채기 힘들기에 충분히 베팅을 해볼 만한 가치가 있으며, 그 효과 역시도 여러분이 생각하는 것 이상으로 크다.

지금까지 ①과 ②의 상황을 비교 설명하였듯이 ①과 ②의 상황에서 히든에 베팅이 나온다면 ①보다는 ②쪽이 훨씬 공갈의 확률이 적다.

②의 상황에서 히든에 베팅을 하는 것이 상대방에게 더 많은 괴로움과 고통을 느끼게 한다. 반면에 ①와 ②의 상황이 모두 공갈이라고 보았을 때는 공갈이라고 하더라도 ①의 카드에게 이기려면 투페어가 있어야 하지만, ②의 카드에게 이기려면 상대의 액면에 깔려있는 낮은 원페어만 이길 수 있으면 된다.

쉽게 얘기해서 ②의 상황의 예로서, 상대가 액면에 3원페어를 깔아놓고서 히든에 베팅을 했을 때, 만약 그것이 공갈이라면 이쪽에서는 4원페어만 있어도 공갈을 체포할 수 있다는 뜻이다(어차피 낮은 투페어는 아닐테니까).

이와 같이 ②의 카드는 액면만으로는 상대에게 큰 위협을 주지 않는 카드이기 때문에 ①과 비교할 때 그만큼 공갈이 적게 나오는 카드라는 것도 명심해두기 바란다.

**상대가 플러시성의 액면을 깔아놓고, 그 무늬가
다른 사람들의 액면으로 많이 빠져 있는데도
굳세게 베팅을 할 때는 공갈이 아니다**(반대로 생각하기 쉬움)

이것은 실전 게임에서 참으로 자주 접하게 되는 상황이다. 그렇지만 거의 대부분의 하수들은 무의식적으로 반대적인 대응을 하고 있다.

예를 들어 상대방이 액면에 ♣ 무늬 3장을 깔아놓고 있는데, 주변(다른 모든 사람들의 액면카드)에 ♣가 많이 빠져 있어서 누가 보더라도 플러시 메이드가 되기 어려운 상황이다.

그런데도 그 상대방이 끝까지 꿋꿋하게 베팅을 한다면 이것은 반드시 실제로 플러시가 메이드 되었거나, 그렇지 않다 해도 상당히 괜찮은 카드(하이 투페어, 트리플, 스트레이트, 풀하우스 등)가 숨어 있는 상황이다. 어느 누가 보더라도 '저건 플러시 메이드는 나오기 어렵다'라고 생각하는 상황이라면, 실제로 그러한 액면을 자신의 앞에 깔아놓고 있는 당사자가 자신의 플러시 무늬가 주변에 그렇게 많이 빠져 있는 것을 절대로 모를 리가 없다.

그렇기 때문에 이러한 상황에서 실제로 자신의 손안에 무엇인가 좋은 카드가 있지 않는 한 웬만한 강심장이 아니라면 공갈을 시도하

110

려는 마음을 먹지 않는다. 그렇기에 이러한 상황에서 마지막까지 베팅을 하고 나오는 것은 무엇인가 믿을 구석이 있다고 생각하는 것이 정확하고 현명한 판단이다. 그런데 참으로 많은 하수들이 "저기서 플러시가 어떻게 나와? 저건 무조건 공갈이야."라며 어리석은 행동을 반복하고 있다. 그리고는 실제로 콜을 하고서 승부를 걸어볼 만한 상황에서는 반대로 숨도 안 쉬고 카드를 꺾는 이적행위를 포커게임의 정석인 것처럼 신봉하고 있다. 그래서 하수들은 항상 가장 먼저 올인을 당하고 뒷전으로 물러나야 하는 괴로움을 느낄 수밖에 없다.

상대방의 액면에 플러시 무늬가 3장이 떨어져 있고, 또 그 때 주변의 액면에 그 무늬가 많이 빠져 있다면, 상대방이 정신병자가 아니라면 절대로 그러한 상황에서는 공갈을 시도하지 않는다.

오히려 다른 사람들의 액면에 그 무늬가 보이지 않을 때 누구든 공갈을 시도하려는 마음을 가져보게 되며, 실제로 그러한 상황에서는 공갈이 나올 가능성이 충분히 있다는 사실을 여러분들은 마음속 깊이 명심해야 한다.

또 한 가지 아주 비슷한 예를 들어보기로 하자.

Ⓐ

상대가 바닥에 Ⓐ와 같은 액면을 깔아놓고 있는데(1장이 가운데 끼워지게 되면 스트레이트 메이드가 되는 액면. 양방의 액면은 이론에서 제외), 다른 사람들의 액면으로 6자가 2~3장 빠져 있는 상황이다.

그런데 앞의 그림과 같은 액면을 깔아놓고서 히든에 베팅을 한다면 거의 대부분의 하수들은 "아니, 6자가 액면으로 이렇게 빠졌는데 스트레이트가 있단 말이야?"라며 인정하지 않으려 한다. 하지만 이것이 바로 앞에서 얘기했던 것과 똑같은 이론으로서, 하수들만의 공통적인 특징이다.

그림과 같은 카드를 액면에 깔아놓고 있는 당사자는 6자가 몇 장이 빠져 있는지 그곳에 있는 어떠한 사람들보다도 먼저 정확하게 알고 있다는 것은 당연하다. 왜? 그것이 자신의 이해득실과 가장 밀접하게 연관되어 있으니까.

그렇다면 6자가 많이 빠져 있는데도 굳세게 베팅을 한다는 것은 나름대로 이길 자신이 있다는 뜻이다. 이것은 확신해도 괜찮다.

Ⓐ와 같은 액면이 깔려 있을 때 오히려 다른 사람들의 액면에 6자가 거의 안 보이는 상황이라면, 오히려 이때는 충분히 공감이 나올 수 있는 상황이다(조금 전의 플러시 무늬를 액면에 3장 깔아놓았을 때의 이론과 동일).

지금까지의 설명에서 알 수 있듯이, 거의 모든 하수들은 상대방의 액면에 그럴듯한 액면이 떨어졌을 때 그 액면과 관계되는 무늬 또는 숫자가 다른 액면으로 어느 정도 빠져 있느냐, 앞에서의 베팅 상황이 어떠했느냐 등으로 "저건 메이드야." 혹은 "저건 메이드가 아니야."의 판단을 하게 되는데, 실제로 여기까지는 어느 누구라도 똑같은 방법으로 상대 카드의 진위를 판단한다. 그런데 최후에 가서의 판단 결과가 거의 반대로 나온다. 이것이 바로 고수와 하수의 차이이며, 승패를 가름하는 결정적인 요인이다.

 ## 나에게 공갈을 쳐서 판을 가져갈 수 있다면 누구든 축하해주겠다

30년이 훨씬 넘는 오랜 세월 동안 필자가 만났던 수많은 승부사 중에서 포커게임의 최고수를 꼽으라고 한다면 주저 없이 신촌의 S를 들고 싶다. S에 관한 일화와 명승부를 말하자면 끝이 없을 정도지만, 자세한 이야기는 다음으로 미루고 여기서는 '사기도박으로도 S를 잡기 어렵다'고 말할 정도의 출중한 실력자였다는 것만 밝혀둔다.

필자와도 여러 차례 승부를 했던 인물이었는데, 필자보다 두 살이 많았던 S는 포커게임 실력만큼이나 매너도 좋고, 괴팍한 행동으로 한 시대를 풍미했던 멋진 갬블러였다. S는 항상 "나에게 공갈을 쳐서 판을 가져갈 수 있다면 누구든 축하해주겠다."라며 공갈에 당하는 것을 아쉬워하지 말라고 강조했다. 이 말만 봐도 S가 자신의 실력에 얼마나 강한 자신감을 가지고 있었는지 충분히 느껴지리라 생각한다.

아무튼 S는 보통 사람들이 흉내조차 내기 어려운 절묘한 공갈로 상대를 무너뜨리고 수없이 승리를 차지해온 공갈베팅의 예술가였던 반면, 자신 또한 상대의 공갈에 수없이 당했다고 주저 없이 말했다.

자신이 공갈에 당할 때마다 억울해하기보다는 "베팅이 좋았다. 누구라도 콜을 못할 상황."이라며 상대의 플레이를 칭찬했다. 그리고는 "카드를 알고 치는 게 아닌데 어떻게 공갈을 정확하게 체포하냐."며 공갈에 당하는 것은 당연하다고 말하곤 했다.

어떤 종류의 포커게임에서든 상대의 공갈을 100% 잡아낸다는 것은 있을 수 없는 일이다. 다만 그때그때의 여러 가지 상황을 종합적으로 판단해, '지금은 죽어도 못 죽어', '이번엔 왠지 냄새가…', '이 판은 져도 확인이야'라는 식으로 불확실한 가능성을 추측하는 것이다. 그랬을 때 고수일수록 그 추측이 맞을 가능성이 조금 더 높게 나타나는 것뿐이다. 그만큼 상대의 공갈을 체포하는 것은 쉽지 않은 일이다. 그런데 포커게임을 배운 지 얼마 되지 않은 중급자

일수록 상대의 공갈에 한두 번 당하는 것을 용납하려 하지 않으니 안타까운 일이다.

이러한 현상은 하수는 물론, 어느 정도 수준에 이른 중급자 이상의 사람들에게서도 꽤 많이 나타난다. 게임을 잘해오다가 공갈에 한두 번 당하고 나서는 순식간에 다른 사람으로 변해버리는 경우가 너무도 많다는 것이다. 아마 여러분 자신도 틀림없이 이런 경험을 해보았으리라.

그렇다면 그들은 왜 한두 번의 공갈에 그렇게 흔들리고, 또 그것을 용납하지 못하는 것일까?

그들은 공갈에 당해 자신의 승리를 빼앗기는 것을 몹시 수치스럽게 생각하는 경향이 강하다. 즉, 상대에게 놀림감이 됐다는 식의 오기가 발동하는 것이다. 달리 표현하면 한 번의 공갈에 당하는 것이 바로 '넌 아직 멀었어', '넌 나보다 하수야'라는 식으로 기본적인 말초신경을 자극하는 쪽으로 이어진다는 이야기다. 카드를 보고 치는 게 아닌 한 수없이 서로 주고받을 수 밖에 없는 포커게임에서의 공갈을 인정하지 않으려 한다는 뜻이다.

그리고 이것은 바로 상대에게 강한 적개심을 가지게 되는 것으로 이어지고, 자연 무리한 플레이를 동반하며 스스로 화를 자초하는 길을 만드는 결과가 된다.

게임 중에 공갈을 성공시킨 후 일부러 자신의 패를 공개해 더욱 상대방을 흥분시키는 경우도 비일비재하다. 공갈을 성공시킨 후 자신의 패를 오픈하는 것은 게임의 기본 매너에 어긋나는 행동이다. 하지만 그러한 행동을 '절대 안 된다'라고 제지할 특별한 방법이 없기에 그저 매너에 관한 문제로 넘길 수밖에 없다.

그래서 의도적으로 상대의 흥분을 유도하기 위해 그런 방법을 사용하는 일이 자주 발생한다. 의외로 그 효과가 크기 때문이다.

이렇듯 하수나 중급자는 아무것도 아닌 한두 번의 공갈에 페이스를 잃고 흔들리는 경우가 흔히 발생하지만, 고수는 그렇지 않다. 그리고 이런 사람만이 고수라는 칭호를 들을 자격이 있다.

공갈에 당한다는 것은 어찌 보면 하루 종일 수없이 반복되는 평범한 게임의 일부일 뿐이다. 그저 공갈에 당하고 또 공갈을 성공시키는 것 역시 모두 게임 중에 일어나는 똑같은 한 가지의 조그만 일이다.

좋은 찬스에서 포플러시나 투페어를 가지고 못 떴다고 해서 갑자기 크게 흥분하거나 상대에게 적대감을 느끼지 않는 것처럼 공갈에 한 번 당한 것도 그 이상의 의미를 두지 말아야 하고, 또 실제로도 전혀 의미를 둘 필요가 없다.

포커게임에서 대한민국 최고라는 S는 "나에게서 공갈을 쳐서 판을 가져갈 수 있다면 누구든 축하해주겠다."라고 입버릇처럼 말했다. 하지만 S 역시 공갈에 당했을 때 아쉬움과 분함을 전혀 느끼지 않았으리라고는 생각하지 않는다. S 역시 여러분과 똑같은 감정을 가지고 있는 사람이기 때문이다.

그렇지만 S는 아쉽고, 분한 감정보다 '설령, 포커게임의 신이라도 상대의 공갈을 다 잡아낼 수는 없다'라는 너무도 평범한 진리를 먼저 인정하고서 스스로 자신의 감정을 컨트롤하는 것이라고 이해하면 된다.

오히려 S는 어떤 상대에게 공갈을 당했을 경우, 의도적으로 그 상대와의 승부를 몇 판 동안 피한다고 했다. 아무리 S가 자신을 완벽히 통제해도 어찌 됐든 감정의 앙금이 조금이라도 남아 있고, 그것이 승부에 좋은 요인이 되지는 않는다고 판단하기 때문이다.

승부의 흐름이란 참으로 오묘하다. 게임이 잘 풀릴 때는 거짓말처럼 패가 척척 붙으며 생각지도 않던 큰 승리와 행운이 이어지는 반면, 게임이 안될 때는 모든 것이 정반대가 된다.

그렇기에 누구든 이 흐름에 잘 적응해 슬기롭게 대처해야 함은 기본이다. 그랬을 때 한두 번의 좋은 플레이 또는 나쁜 플레이에 의해 갑자기 승부의 흐름이 바뀔 수 있다는 사실을 명심해야 한다.

그런데 자신에게 올 행운의 흐름을 스스로 걷어차버리는 그런 어리석은 실수를 범하고 있는 사람들이 생각보다 엄청나게 많다.

그리고 그 가장 대표적인 경우가 한두 번 공갈에 당한 후 순식간에 이성을 잃고 스스로 나락으로 떨어지는 그러한 행동임을 이제는 깨달아야 한다.

지금까지 우리는 공갈에 관한 여러가지 방법들을 알아보았다. 대표적으로 '공갈을 치는 법'과 '공갈을 잡아내는 법'으로 나누어, 실전에 가장 자주 나오며 또 가장 중요한 이론을 선택하여 설명하였다.
마지막 한 가지만 재차 강조하면서 『공갈편』을 끝내도록 하겠다.

"절대로 공갈은 자주 시도하려고 해서는 안 되며, 상대의 공갈을 잡아내려고도 노력하지 말라."

공갈이란 모든 조건과 상황이 거의 완벽하게 갖추어졌을 때 시도해볼 수도 있으며, 잡아내려고 승부해볼 수도 있는 것이지, 공갈을 치거나 잡아내는 것을 포커게임의 주된 방법으로 이용하는 것은 너무도 위험하다. 또한 여러분의 승률을 높이는 데 결정적인 마이너스로 작용한다는 것을 반드시 명심하기 바란다.

라스베이거스는 평일에 이용해라

지구촌 최고의 환락세계인 라스베이거스의 카지노에는 세 가지가 없다.

시계와 창문 그리고 어린아이다. 이 세 가지가 왜 없는지에 대해서는 따로 설명하지 않아도 알 수 있을 것이다. 그리고 또 한가지 재미있는 현상은 라스베이거스의 호텔룸 중에는 냉장고가 없는 룸이 꽤 많다는 사실이다. 세계 최고의 시설을 자랑하는 라스베이거스 호텔룸에 냉장고가 왜 없는 것일까. 그 대신 시원한 물이나 음료수는 호텔 1층에 있는 카지노에 내려오면 언제든 무료로 제공한다.

라스베이거스는 호화로운 호텔시설과 좋은 음식이 상당히 저렴한 편이다. 어차피 라스베이거스에 온 이상 호텔측에서는 갬블로서 그 대가를 충분히 보상받을 수 있다고 생각하기 때문일 것이다.

그런데 여기서 여러분들이 유의해야할 아주 중요한 사실이 한 가지 있다. 그것은 라스베이거스의 모든 물가가 금, 토요일에는 훨씬 비싸진다는 점이다.

호텔방은 물론 유흥업소의 모든 가격이 평일의 두 배 가까이 올라가는 건 흔한 일이다. 그리고 유명한 쇼나 행사 등의 비용도 차이가 날 정도다. 심지어 일류 호텔의 카지노들은 테이블 게임의 최소베팅 금액을 올리기도 한다. 즉, 바카라Baccarat나 블랙잭Blackjack, 파이고우 포커Pai Gow Poker, 쓰리 카드 포커Three Card Poker, 렛 잇 라이드Let It Ride 등등 테이블 게임의 경우, 평일에는 1회의 최소 베팅이 5$인데 금, 토요일에는 최소 베팅이 10$ 또는 25$이 되는 식이다.

물론 세계 어느 곳의 관광지든 금, 토요일의 물가가 비싼 것은 비슷하겠지만 라스베이거스의 경우에는 현상이 훨씬 더 심하다. 그렇기에 특별한 사정이 있지 않는 한 라스베이거스에는 금, 토요일을 제외한 다른 날을 이용하는 것이 경제적이다. 물론 금, 토요일을 택하면 세계 각국 사람들로 인산인해를 이루는 장면을 보는 장점도 있는 것은 사실이다.

숙소를 정할 때는 작더라도 중심가에 있는 호텔을 정하는 것이 편리하다. 벨라지오, 시저스팰리스, 미라지, 베네시안, 팔라조, 아리아, 파리, 트레저아일랜드 등 엠지엠과 윈을 제외한 라스베이거스의 매머드 호텔들이 중심가에 거의 모여 있기 때문이다.

자칫 숙소를 잘못 잡으면 이러한 호텔들에 가려 할 때 택시를 이용해야 하기에 번거롭고 시간과 비용 면에서 손해다. 물론 돈이 많아서 벨라지오나 베네시안 등의 호텔에 투숙하면 좋겠지만 그럴 필요는 없으리라 생각한다. 중심가에 있는 저렴한 호텔을 선택하면 거의 모든 메이저 호텔들을 걸어서 갈 수 있을 정도다.

그리고 일행이 여러 명일 때 테이블 게임을 할 경우에는 가능한 한 같은 테이블 또는 바로 옆 테이블에서 같이 게임을 즐기는 것도 생각해볼 만한 방법이다. 이렇게 하면 식사 티켓, 담배 등을 얻을 수 있다. 꽤 괜찮은 식사 티켓이고 담배도 라스베이거스에서는 한갑에 6~7$씩이나 하기에 담배를 제공받는 것도 작은 돈이 아니다. 단, 같은 테이블에서 일행이 함께 게임을 하면 승부에서는 불리할 수 있으므로 큰 승부를 할 때는 잘 판단해야 한다

또한 테이블 게임을 할 경우, 게임장 안을 왔다갔다 하는 웨이트리스에게 술이나 음료수 등을 부탁할 때 팁으로 보통 1$짜리 칩을 주는 것이 상례다. 즉, 위스키, 콜라, 쥬스를 1$만 주면 마실 수 있다는 의미다.

2명의 일행이 각각 위스키와 콜라를 주문했을 때도 어느 한사람이 대표로 1$만 주어도 되고 두 사람 모두 1$씩 주어도 된다. 하지만 3명의 일행이 동시에 주문했을 때는 보통 2$ 정도를 주는 것이 보통이다. 물론 큰 승부를 이긴 직후라면 그 이상 몇 배를 주어도 무방하다.

세븐오디 중급자들의
고질병...

유튜브에서 필자의 포커 강의를 보고 수많은 사람들이 포커를 새롭게 깨닫고, 실력과 성적이 일취월장했다는 말을 들을 때마다 큰 기쁨과 자부심을 느낀다. 그래서 필자는 그때마다 그 사람들에게 똑같은 당부를 한다.

"진심으로 축하드린다. 하지만 항상 초심 잃지 말고 상대를 경시하지 마시라."라고.

게임에서 좋지 않은 성적을 거둘 때는 전혀 나타나지 않다가, 조금씩 실력이 향상되고 성적이 좋아지면서부터, 그러니까 중급 정도 수준에 들어서게 되면서 나타나는 아주 위험한 현상이 있으니 바로 중급자들의 고질병이다.

보통 '멋을 부린다', '떼를 쓴다', '까분다' 등등으로 표현하는데 성적이 좋아지고 자신감이 생기면서 상대를 얕보는 마음이 생기는 것을 말한다.

즉, 상대를 무시하고 깔보는 일종의 교만한 마음인데 중급자들이 한두 번씩은 반드시 겪는 일이라고 해도 과언이 아닐 정도로 거의 모든 중급자들에게서 공통적으로 나타나는 현상이다. 그런데 이 시기에 잘못 습관이 되어 버리면 자칫 영원히 치료할 수 없는 불치병이 될 수도 있다는 사실을 명심해야 한다.

이 병에 걸리게 되면 상대를 경시하여 억지로 승리를 빼앗으려 하는 무리한 플레이를 일삼게 된다. 즉, 억지를 쓴다, 떼를 쓴다는 식인데 상대를 얕보고 승리를 강탈하려 하는 아주 나쁜 현상이다.

무리하게 공갈을 시도한다든지, 희박한 가능성에서 어려운 승부를 건다든지 하는 식이다. 그리고는 간혹 한 번씩 성공하면 마치 그것이 자신만의 비기인 냥 자랑스러워한다. 그러나 결코 무리한 시도가 자주 성공할 리 없기에 그런 플레이가 이어진다면 결과는 안 좋을 수밖에 없다.

또한 무리한 공갈이나 무리한 플레이가 간혹 성공하는 것도 상대가 하수이기에 조금이라도 더 그 가능성이 높아진다는 점을 잊어서는 안 된다. 그러나 자신도 모르는 사이에 그런 버릇이 몸에 배어 중급, 고급자들에게도 그런 식의 운영을 일삼게 되며, 그랬을 때 그 결과는 너무도 불안하고 위험하다.

물론 상대들에게 자신감을 가지고 게임에 임하는 것은 바람직한 현상이고, 필자 역시 입이 아프도록 '끌려다니지 말고 게임을 리드해라'라고 계속해서 강력하게 권하고 있다. 하지만 게임을 리드하는 것이 상대를 얕보는 교만한 마음을 가지고 무리한 공갈이나 무리한 운영을 하라는 뜻은 절대 아니다.

그런데도 수많은 중급자들이 자신만이 가지고 있는 전가의 보도인 것처럼, 교만한 마음으로 무자비하게 검을 휘두르고 있어 너무도 안타깝다. 그리고 더욱 중요한 사실은 그 고질병에 걸려도 정작 본인은 전혀 증상을 못 느끼고 있기에 치료를 할 수가 없다는 점이다. 본인 스스로가 통증을 전혀 못 느끼고 있기 때문에 치료할 생각 자체를 아예 가지지 않는다는 것이다.

그러면서 점점 시간이 흐르게 되면 문제는 더욱 심각해진다. 시간이 지나면 지날수록 그 증세는 더욱 강하게 굳어져 나중에는 불치병이 되어버리기 때문이다.

따라서 중급자들의 고질병에 걸린 사람들은 아무리 경력이 오래되어도 실력의 발전이 없다. 10년, 20년이 지나도 제 자리 걸음만 할 뿐이다. 자신의 플레이가 잘못되지 않았다는 신념을 너무도 일찍부터 가지고 있기 때문이다.

실력의 발전이 없어도 게임에서 좋은 성적을 낼 수만 있다면 아무 상관없다. 그런데 실상은 그렇지 못하다는 것이 문제다. 거의 대부분 게임에서 좋은 성적표를 받지 못한다는 점이다. 그리고는 항상 '재수 없다', '불운하다'며 투덜거린다.

그래서 혹시 옆에서 지인들이 안타까운 마음에 이런저런 충고를 하기도 하지만, 전혀 받아들이려 하지 않는다. 그리고는

"내가 포커 경력이 10년(20년)이 넘었는데, 누굴 가르치려 그래? 당신이나 잘해-."

라며 마음을 열 생각을 아예 하지 않는다. 그리고 이것은 어찌 보면 당연한 현상일 수도 있다. 본인의 플레이가 올바르다는 신념과

자신, 고집을 가지고 있기 때문이다.

 필자는 거의 평생을 포커게임과 가까이하며 살아왔다. 그러면서 수없이 많은 사람을 만나왔지만, 10년, 20년 경력을 가지고도 아마추어 수준에서 벗어나지 못하는 사람들이 너무도 많았다. 반대로 포커를 배운지 그리 오래 지나지 않아 바로 뛰어난 성적을 내는 사람들도 많았다.

 기본적으로 포커게임에 대한 재능이 뛰어난 사람도 있는 것은 사실이다. 하지만 그것은 최고 정상에 오를 때 절대적으로 필요한 요소라고 하겠다. 물론 어느 정도 수준에 오를 때에도 재능이 뛰어나다면 남들보다 좀 더 빠를 수 있다는 것은 틀림없는 사실이다.

 그러나 10년, 20년을 해도 실력이 늘지 않고, 제자리에 멈춰 있다는 것은 재능과는 무관하다. 그 이유는 바로 배울 때 잘못 배웠기 때문이라고 감히 단언한다. 즉, 잘못된 부분을 잘못되지 않았다고 생각하며 본인도 모르는 사이에 시간이 흐르면서 그 생각이 딱딱하게 굳어 버린 것이기에 변하기 어렵다는 뜻이다. 그리고 이것이 바로 중급자들의 고질병이다.

 앞서 언급했듯이 게임에서 조금씩 좋은 성적을 내고 자신감이 생기면서, 상대를 얕보고 무리한 플레이를 일삼는 그 고질병은 거의 모든 사람들이 반드시 한두 번은 겪어야 할 과정이라고 할 수 있다.

모쪼록 여러분들은 성적이 좋아지고, 자신감이 쌓이더라도 상대를 얕보는 교만한 마음을 가지지 말고, 무서운 불치병을 현명하게 피해 가기 바란다.

운영편

1장

게임에서 이기는 법

이 말은 어찌 듣기에는 참으로 황당한 이야기다.

"도대체 포커게임을 하는데 이기는 법이라는 것이 어떻게 있을 수 있단 말인가? 말도 안되는 소리."라며 일축해버리는 사람들이 있을지도 모르겠다. 그러나 거듭 되풀이되는 이야기지만 그것은 포커를 전혀 모르는 사람들만이 가지고 있는 생각이다.

포커게임의 승패는 당사자들 간의 실력차이에 의해 80~90% 이상이 결정되며, 여러분들은 지금까지 이 책을 읽어오면서 그 이론이 사실이라는 것을 여러 번 느꼈을 것이다.

그렇다. 이 책을 읽고, 한 가지씩 이해해 나가고 자신의 것으로 만들면서 여러분들은 조금씩 고수가 되어가고 있다. 아니, 이미 여러분들의 실력은 누가 상대하더라도 만만하게 볼 수 없는 실력이 되어 있을지도 모른다. 하지만 여기서 한 가지, 여러분들이 반드시 유념

해야 할 점은 책을 읽으며 포커게임에 대한 정확한 이해를 하고 자신감을 가지는 것은 좋지만 그 자신감이라는 것이 만용이나 자만으로 이어져서는 안 된다는 점이다.

이제 마지막 장이다. 여러분들의 실전 게임에 큰 도움을 주는 아주 중요한 부분인 만큼 한 부분도 놓치지 말고 정확히 이해하여 여러분의 것으로 만들기 바란다.

이기고(따고) 있을 때와 지고(잃고) 있을 때

포커게임을 하는 가장 큰 목적이 일단 '이기기(따기) 위해서'라고 한다면, 게임 중에 자신이 어떤 상황(얼마나 따고 있는지, 또는 얼마나 잃고 있는지)인지에 따라서 게임의 운영방법과 베팅 요령, 그리고 카드의 초이스 등 모든 것이 달라질 수 있으며, 또 반드시 달라져야 한다.

기본적으로 많이 따고 있는 상황에서 끝날 시간이 별로 남지 않았을 경우라면 가능한 큰 승부는 피하는 것이 좋다.

물론 마지막이라 하여 잃고 있는 상대방 쪽에서 말도 안 되는 무리한 승부를 걸어온다면 그거야 당연히 응징을 해야 한다. 하지만 그렇지 않은 상황이라면 약간은 뒤로 후퇴할 줄 아는 여유를 가지라는 뜻이다. 즉, 어느 정도 딴 상태라면 그 상태에서 큰 변화 없이 게임을 마무리할 수 있는 기술을 가지라는 것이다.

그리고 게임의 막바지가 아니라 게임 도중이라도 '따고 있을 때'와 '잃고 있을 때'의 게임 운영방법은 약간 달라져야 한다.

우선 잃고 있는 경우나 본전 정도의 경우라면 지금껏 또는 앞으로 이 책에서 설명하는 이론을 잘 이해하여 그대로 대응해 나가면 된다. 하지만 만약 따고 있는 경우라 한다면 평상시보다 조금 더 안전하고 타이트한 길을 선택하는 것도 좋은 방법이라 할 수 있다.

우선 따고 있는 쪽에서 타이트하게 안전운행을 하면 잃고 있는 쪽에서는 마음이 급해지는 것이 보통이다. 마음이 급해지면 자연히 무리수를 동반하게 되고, 판단력이 조금이라도 흐려지게 된다(어느 정도 이상의 고수라면 그러한 단계를 극복하였겠지만).

그렇게 되면 따고 있는 쪽에서 더욱더 유리한 상황에서 게임을 할 수 있다는 결론이 나온다. 어찌 생각하면, 상대의 기분을 약간 건드려서 상대의 흥분을 유발하는 야비한 방법으로 느껴질지도 모르겠지만 그것이 도가 지나치지 않는 정도라면 문제가 될 부분은 전혀 없다.

그리고 경우에 따라서는 상대를 자극하는 것이 하나의 유용한 테크닉이 될 수도 있다. 그러면 '따고 있는 경우'와 '잃고 있는 경우'에 따라서 가장 처음 받는 카드의 초이스가 어떻게 달라지는지 그림으로 알아보기로 하자.

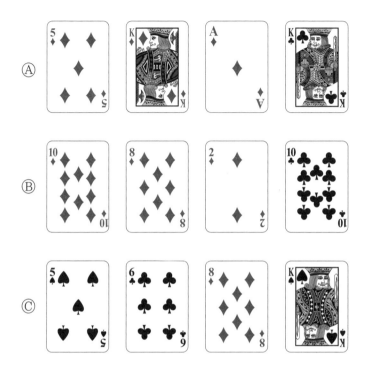

　우선 Ⓐ~Ⓒ와 같은 대표적인 경우만을 예로 들어보았지만, 이와
비슷한 경우는 참으로 수없이 많다는 것을 알아두기 바란다.

　이와 같은 경우의 카드가 처음에 들어왔을 때 따고 있는 경우라면,
보통의 정상적인 초이스가 아닌 약간의 편법을 사용하여 타이트하
고 안전한 운행을 하는 것도 한 가지 방법이 되고, 또 그럴 만한 가치
가 충분히 있기에 여기서 설명하고자 한다.

그렇기에 이기고 있는 상태라 하여 지금부터 설명하는 이론이 정석이고, 보통의 정상적인 초이스가 잘못된 것이라는 이야기는 절대로 아니라는 점을 미리 밝혀둔다.

아니, 따고 있는 상태라서 '오늘은 카드가 되는 날이구나'라고 판단하여 큰 승부를 내고 싶을 때는, 승부를 해볼 만한 상황에서 전혀 꼬리를 감추지 않고 승부를 걸어도 좋다. 오히려 이러한 마음가짐이 진정한 고수가 되기 위해서 반드시 필요한 마음가짐인 것도 틀림없는 사실이다. 어느 정도 이상의 성적을 올리고 있는 상태에서 그 이후의 게임 운영을 좀 더 안전하고 타이트하게 마무리하는 방법에 대해서 설명하고자 하는 것뿐이다. 그러면 앞의 그림을 보자.

우선 Ⓐ와 Ⓑ의 경우, 보통의 상황에서는 페어를 가지고 가는 것이 일반적이다(물론 6포의 경우에는 달라질 수도 있다).

하지만 따고 있는 상태에서 긴박한 승부를 하고 싶지 않은 경우라면, 페어를 버리고 플러시 3장을 선택하여 '6구까지 메이드가 되지 않으면 기권한다'라는 기본원칙을 가지고 게임에 임한다면 큰 위험 부담을 갖지 않고서 게임을 운영해 나갈 수 있다.

또한 이와 같은 경우에 기본적으로는 '6구까지 메이드가 되지 않으면 기권한다'는 마음을 가지고 있으면서 특별히 배당이 좋거나, 자기가 노리는 무늬가 거의 안 빠진 상태라든가, 6구째 베팅이 그리 크지 않아서 큰 부담이 없다든가 하는 식의 특이한 경우에는 끝까지 플러시를 시도할 수도 있다. 그렇다면 "Ⓐ 또는 Ⓑ와 같은 경우에

페어를 가지고서 5~6구까지 트리플이 되기를 기다리면 되는 것 아니냐?"고 반문할지 모르지만, 그것은 근본적으로 많은 차이가 있다.

① 페어에서 트리플이 떨어지는 것은 매우 힘든 확률이고,

② 페어 쪽의 카드를 가지고 있을 때는 자신이 풀하우스를 뜨려는 생각을 해서는 안 된다고 이미 여러 차례에 걸쳐 얘기 한바 있다. 따라서 페어 쪽의 카드를 가지고 있을 때는 베팅으로 상대를 가능한 한 많이 죽이고서 마지막에 1~2명을 상대로 그들이 못 떠서 이기는 것이 정상적인 게임 운영이다. 이러한 운영은 이길 확률이 높은 반면, 졌을 때 피해가 크다는 단점이 있다.

③ 그렇다고 해서 페어를 가지고 베팅이나 레이즈를 하지 않고 모든 사람이 히든까지 간다면, 누군가 한 사람이라도 히든에 무엇인가 만들 확률이 그만큼 높아지기에 2등으로 밀려날 가능성이 농후하다.

이처럼 페어 쪽의 카드를 가지고는 타이트하고 안전한 운영을 하는 것은 바람직하지 못하다는 결론이 나온다.

그렇기에 페어 쪽의 카드를 가지고는 상대방이 더 강하게 나올 때 바로 꼬리를 감추는 한이 있더라도 그 전까지는 게임을 리드하는 운영을 해야 한다.

이런 의미에서 Ⓐ 또는 Ⓑ와 같은 경우에 페어 쪽의 카드를 선택하는 것은, 안전보다는 승부에 훨씬 더 비중을 둔 초이스 방법이라고 할 수 있다.

ⓒ의 경우도 기본 맥락은 Ⓐ, Ⓑ와 같다. 보통의 정상적인 초이스방법으로는 당연히 K를 버려야 하지만, 여기서도 역시 따고 있는 상태라면 6 또는 8 둘 중 하나를 버리고 4구, 5구에서 계속해서 ♠ 무늬가 떨어져서 포플러시가 되거나, 또는 투페어, 트리플 같은 카드가 되지 않는 한 바로 카드를 꺾는 게임 운영도 음미해볼 만한 방법이다.

물론 지금 이야기한 이론들은 앞에서도 언급했듯이, 따고 있는 상황에서의 안전하고 타이트한 운영방법이기에 피해는 적지만 이길 수 있는 판을 놓치는 경우도 생길 수 있다.

하지만 이러한 식의 약간은 편법적인 게임 운영을 하여 자금을 관리하는 것도 좋은 게임 운영방법의 한 가지라는 점을 잘 알아두고서, 그때그때의 상황을 잘 파악하여 승부를 피할 것인지, 강하게 밀어붙여 끝까지 승부를 할 것인지를 판단하기 바란다.

세븐오디 게임의 최고 명승부는 '스트레이트 vs 트리플'

필자는 지금껏 수많은 포커게임 현장을 목격했지만, '포카드 VS 포카드', '스트레이트 플러시 VS 포카드', '포카드 VS 에이스 폴하우스' 등과 같은 아주 엄청난 족보를 서로 잡고서 대결하는 판을 본 기억이 별로 나지 않는다. 그저 몇 손가락에 꼽으라면 꼽을 수 있을 정도로 그 횟수가 거의 없다시피 할 정도다.

그렇기에 포커게임에서는 내가 아무리 좋은 패를 잡아도 상대가 그에 필적할 만한 좋은 카드를 가지고 있지 않는 한, 속칭 '빅팟'이 이루어지지 않는다. 그리고 또 실제로 서로가 좋은 카드를 가지고 있다 하더라도, 상대방에서 더욱 강하게 나오면 바로 긴장을 하게 되는 것이 포커게임이다.

내가 정말로 완벽한 카드를 가지고 있지 않은 이상, 상대방에서 더욱 강하게 나온다는 것은 상대도 정신병자가 아닌 이상 나의 액면 카드를 보고서 나름대로 정확한 판단을 한 후 확신을 가지고서 강하게 나오는 것이 틀림없다.

이러한 상황에서 나의 손안에 있는 카드가 나의 액면을 보고서 대부분의 사람들이 예상할 수 있는 카드와 일치한다면 그것은 거의 지는 상황이라고 봐야 한다. 히든에 가서는 서로가 자신의 액면으로는 상상하기 어려운 아주 좋은 카드를 가지고 있지 않는 한, 한쪽에서 바로 꼬리를 내리게 되는 경우가 거의 대부분이다.

그런데 몹시 박진감 있고 재미있는 승부는 6구에서 스트레이트 메이드와 트리플(특히 높은 트리플)의 만남이다. 앞에서도 다룬 적이 있지만, 거의 대부분의 사람들이 상대의 액면에 플러시 쪽으로 같은 무늬가 3장이 떨어지면 어느 정도 신경을 쓰고 경계하지만, 스트레이트 쪽으로 3장이 떨어져 있는 것은 거의 신경을 쓰지 않는다. 그리고 실제로 상대가 6구에 스트레이트 메이드가 되어 레이즈를 하더라도 "저게 트리플인가? 스트레이트인가?" 하고 고민에 빠지는 경우가 대부분이지, "저건 스트레이트야."라고 확신하는 사람은 별로 많지 않다. 그렇기에 6구까지의 상황에서 트리플(또는 하이 투페어)을 가지고 있다면, 상대의 액면에 스트레이트 메이드가 가능한 액면(4장이 아니라 3장)이 깔려 있더라도 거의 대부분의 사람들이 전혀 염두에 두지 않고 베팅하고 나간다. 그리고 실제로도 이것은 아주 특별한 경우가 아니라면 극히 정상적이고 당연한 베팅이다.

상대의 액면에 스트레이트성의 카드가 4장도 아닌 3장이 깔려 있다고 해서 그것을 스트레이트 메이드로서 바로 인정하는 경우는 거의 없고, 또 그렇게 해서는 게임 운영을 해 나가기가 너무 어렵다. 그렇기 때문에 이러한 상황에서 실제로 스트레이트 메이드를 잡고 있는 사람의 입장에서는 아주 좋은 기회가 찾아온 것이 된다.

이와 같은 경우라면 트리플(혹은 하이 투페어)을 가지고서 6구에 베팅을 하고 나갔다가 레이즈를 맞은 사람의 입장에서는, 레이즈를 친 사람의 카드를 스트레이트 메이드로 보더라도 거의 죽지 않고서 6구에서는 일단 콜을 하게 된다. 그리고 만약에 레이즈를 친 사람의 카드를 트리플로 보았을 때는, 자신이 더 높은 트리플을 가지고 있다고 생각되면 6구에서 한 번 더 레이즈를 할 수도 있다.

그렇게 된다면 트리플에서 마지막에 풀하우스를 뜰 확률은 불과 1/5 정도밖에 안 된다고 보았을 때, 승산은 스트레이트 메이드 쪽이 훨씬 많다는 것은 삼척동자도 알 수 있다. 그렇기에 고수들일수록 스트레이트 메이드를 가지고 판을 크게 키워서 이기는 능력이 뛰어나며 또 스트레이트 메이드라는 카드를 참으로 좋아한다.

하지만 6구에 플러시 메이드가 되려면 액면에 최소한 같은 무늬가 3장 이상이 깔려있어야만 하는데, 이상하게도 거의 모든 사람들이 이때에는 어느 정도 긴장하고 경계를 하기 때문에 설사 트리플(혹은 하이 투페어)을 6구째에 가지고 있더라도 미리 베팅을 하고 나가서 레이즈를 자초하는 베팅은 주저하는 경향이 강하다.

6구째에 판을 키운다는 것은, 스트레이트 메이드를 잡고 있는 사람의 입장에서는 현재 이기고 있기 때문에 "마지막 장에 뜨는 것이 얼마나 어려운데—."라며 충분히 승부를 걸 수 있는 상황이고 또 반드시 그렇게 해야 하며, 반대로 6구째에 트리플을 가지고 있어서 실제로는 히든에 마지막 장을 뜨지 못하면 지는 상황의 입장에 있는 사람은

① 히든에 풀하우스를 뜰 수도 있다.

② 저게(상대방) 100% 스트레이트 메이드라는 보장은 없지 않은가? 그렇다면 히든에 풀하우스를 못 떠도 이길 수 있을지도 모른다.

라는 스스로를 위안하는 생각을 가지고서 6구째에 꼬리를 내리지 않고 강력하게 버티는 경우가 거의 대부분이다. 그렇기에 6구째 높은 트리플과 스트레이트 메이드와의 만남에서 생각지 못한 큰판이 만들어지는 경우가 종종 발생한다.

덧붙여 한 가지 하고 싶은 이야기는, 이와 같은 경우에 여러분은 항상 스트레이트 메이드를 가지고서 승부를 하는 쪽을 택해야 한다는 점을 명심, 또 명심해야 한다.

똑같은 패를 가지고 있더라도, 죽어야 할 경우와 승부를 걸어야 할 경우를 정확히 구분해야 한다

이 말은 얼핏 듣기에는, 6구 또는 히든카드까지 모두 받은 상황에서 상대들의 베팅 상황에 의해 하이 투페어, 트리플, 스트레이트, 플러시 등의 좋은 카드를 가지고서 '죽느냐? 콜을 하느냐?'를 선택하는 이야기처럼 들릴지 모르겠다.

여기서 다루는 것은 그것과는 전혀 다른, 실제 게임에서 무수히 나오는 상황인데도 여러분이 별 생각 없이 무관심하게 지나치는 부분이기에 그 중요성과 대응방법을 설명하도록 하겠다.

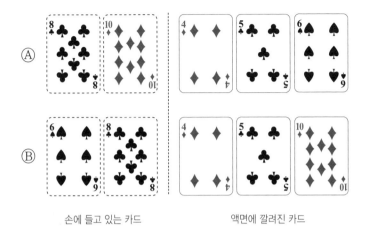

손에 들고 있는 카드   액면에 깔려진 카드

Ⓐ와 Ⓑ의 카드를 보자. 각각의 경우는 5구 현재 여러분의 카드
이다.

이것은 가능성이라고는 오직 7이 와서 스트레이트 메이드가 되
는 것 이외에는 전혀 없는, 아주 똑같은 카드라고 생각할 수도 있다.

물론 7이 와서 스트레이트 메이드가 되어야 한다는 것은 누구나
알 수 있는 당연한 사실이다.

Ⓐ와 Ⓑ의 카드는 숫자와 무늬까지도 완벽하게 같은 카드처럼 보
이겠지만, 그것은 참으로 어리석은 하수들만의 생각일 뿐이다. 실전
에서 Ⓐ와 Ⓑ의 차이는 참으로 엄청나다. 일반적으로 6구째에 7이
아닌 다른 카드가 와서 6구째에 기권을 하게 되면, 그 때는 Ⓐ와 Ⓑ

가 거의 다를 바 없는 카드이다. 그러나 만약에 6구째에 7이 온다는 가정을 하고 카드를 보기로 하자.

6구째에 그 어려운 7이 와서 스트레이트 메이드가 되었을 때, 오른쪽그림의 Ⓐ와 Ⓑ의 액면을 비교해보자.

우선 Ⓐ의 액면은 '4-5-6-7'로 누가 보아도 '스트레이트가 되었겠구나'라고 생각한다. 그런데 Ⓑ의 경우라면 액면으로 '4-5-10-7'이 된다. 이것을 스트레이트 메이드로 보아주는 사람은 거의 없다.

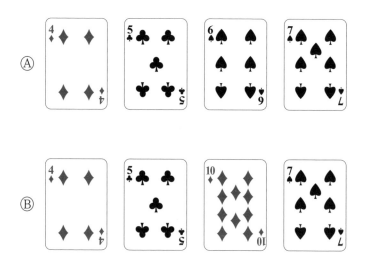

이것이 바로 Ⓐ와 Ⓑ의 엄청난 차이점이다.

한 마디로 말해서 6구째에 7이 왔을 때 ⒜는 별로 큰 장사를 기대하기 어려운 카드지만, ⒝는 아주 실속 있는 장사를 할 수 있는 가능성이 상당히 높다. 결론은 한마디로 ⒜보다 ⒝가 훨씬 더 좋은 카드라는 것이다.

평범한 경우라면 ⒜나 ⒝ 모두 5구째에 콜을 하고서 한 장 더 받아볼 수 있는 상황이다. 하지만 만약 5구에서 큰 베팅이나 레이즈가 있다면 ⒜는 그러한 부담을 안고 들어간 뒤에 그 어려운 7이 오더라도 액면으로 다 나타나는 상황이기에 큰 장사를 기대하기가 어려운 만큼 바로 5구째에 카드를 꺾어야 한다.

그러나 ⒝는 약간은 무모하긴 해도 경우에 따라 6구에 7이 떨어져주기만 한다면 큰 장사가 될 만한 승부를 해볼 가치가 있다. 쉽게 얘기해서, 어렵지만 큰 배당을 한번 노려볼 만하다는 뜻이다.

요약하면 6구째에 자신이 원하는 카드가 왔을 때, 액면상으로 자신의 카드가 어느 정도나 노출되는지를 항상 염두에 두고서 5구째에 '승부를 할 것인가? 아니면 기권할 것인가?'를 결정하라는 것이다. 어차피 승부를 할 바에는 똑같은 부담으로 조금이라도 많은 부가가치를 얻을 수 있는 쪽을 선택하는 것이 승률을 높이는 최선의 방법이 되지 않겠는가?

그러면 이와 비슷한 경우는 또 어떠한 것이 있는지, 다음의 그림을 예로 들어 알아보기로 하자.

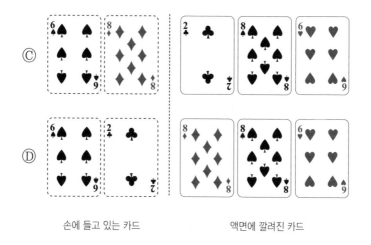

손에 들고 있는 카드   액면에 깔려진 카드

ⓒ와 ⓓ의 카드 또한 무늬와 숫자는 완벽하게 같은 카드이다. 그런데 실제로 ⓒ는 투페어지만 5구까지 액면으로 전혀 표가 나지 않는 상황이기에 6구에 6또는 8이 와서 풀하우스가 메이드되어도 어느 누구도 크게 신경 쓰지 않는 상황이다.

하지만 ⓓ는 6구에 6 또는 8이 와서 풀하우스가 메이드 되는 순간 액면이 '8-8-6-6' 또는 '8-8-6-8'이 되어버린다. 이것은 누구라도 일단은 "저거 풀하우스가 메이드 된 거 아냐?"하며 신경을 곤두세우게 된다. 물론 ⓒ나 ⓓ 모두 6구에 풀하우스가 메이드 되지 않고 필요 없는 숫자가 오면 특별히 크게 차이가 나지 않는다고도 볼 수 있다. 하지만 만약에 6구에 6이나 8이 떨어지는 경우를 가정한다면

ⓒ와 ⓓ의 효용가치의 차이는 참으로 엄청나다.

앞에서 언급한 바와 같이, 5구에 특별히 큰 레이즈가 없는 경우라면 ⓒ든 ⓓ든 모두 6구를 받고 승부를 하는 상황이 틀림없다.

하지만 5구에 거센 레이즈가 있는 경우라면(풀하우스를 못 뜨면 거의 지는 상황이라고 느껴질 때) 앞의 이론과 마찬가지로, ⓒ의 카드라면 다소 무리가 되더라도 큰 배당을 노리고 승부해볼 가치가 충분하다.

그러나 ⓓ와 같은 카드라면 어려운 확률에 도전하여 만약에 성공을 하더라도 ⓒ와 비교해볼 때 배당이 훨씬 떨어지므로 승부를 시도해볼 가치가 많이 떨어진다. 그러므로 우리는 여기서도 ⓓ보다는 ⓒ가 훨씬 더 좋은 카드라는 사실을 반드시 명심해야 한다.

다음 그림에서 비슷한 경우의 예를 두 가지만 더 알아보기로 하자.

ⓔ와 ⓕ(같은 포플러시)의 차이점과 어느 카드가 더 좋은 것인지, 그리고 ⓖ와 ⓗ(같은 5자 끼우기 스트레이트)의 차이점과 어느 카드가 더 좋은 것인지는 이제 또다시 설명할 필요는 없으리라.

6구에 자신에게 필요한 숫자(또는 모양)가 왔을 때, 자신의 액면을 미리 생각해보면 금방 이해할 수 있지만 실제로 하수들은 거의 모두가 한결같이 이러한 부분을 전혀 염두에 두지 않는다.

그리고는 항상 "이상하게 내가 먹을 때는 장사가 안 돼-."라며 투덜거린다. 하수들은 액면이 어떻게 깔려있든 다 똑같은 카드라고 판단하는 아주 잘못된 생각을 가지고 있기 때문이다. 하지만 이제부터는 이러한 부분을 놓치지 말고 실전에 잘 응용하기 바란다.

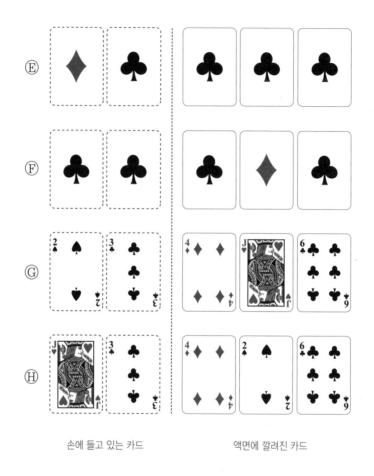

손에 들고 있는 카드   액면에 깔려진 카드

그리고 한 가지 빠뜨리지 말고 명심해야 할 것은, 앞에서 설명한
Ⓐ와 Ⓑ, Ⓒ와 Ⓓ, Ⓔ와 Ⓕ, Ⓖ와 Ⓗ는 각각의 카드를 서로 비교하여

좀 더 가치가 높고 효과가 많은 것을 얘기한 것이지, 둘 중에 가치나 효과가 적은 쪽의 카드라 하여 무조건 죽어야 한다는 것은 절대로 아니며, 또 가치나 효과가 높은 카드라 하여 반드시 승부하라는 이야기도 아니라는 점이다.

모든 것은 상황에 따라 여러분들 자신이 스스로 결정해야 하며, 그 결정을 할 때 앞의 이론을 잘 이해하고서 실전에 응용하면 반드시 여러분들에게 큰 이득을 가져다 줄 것이라고 필자는 확신한다.

 베트콩 또는 람보 스타일과 만났을 때의 대응 방법

어느 곳의 포커게임장을 가보아도 시종일관 엄청나게 타이트한 운영으로 일관하며 확실한 찬스만 기다리는 베트콩 스타일이 있는가 하면, 마치 '나오면 빠꾸다'라는 식으로 바늘 끝 같은 찬스만 오면 쉼없이 레이즈를 하며 판을 흔드는 람보 스타일도 있다.

그렇다면 포커게임의 최고봉에 오를 수 있는 스타일로는 베트콩 스타일이 좋을까, 아니면 람보 스타일이 유력할까?

두 스타일 모두 각각의 장단점을 가지고 있고, 각자의 실력에 따라 그 위력이 달라지기에 두 스타일의 최고수가 1 : 1 승부를 벌였을 경우에는 어느 쪽이 이긴다고 단정하기 어렵다. 두 스타일의 최고수 간의 승부라면 이렇듯 아무도 단언할 수 없지만, 둘 간의 승부가 아닌 다른 사람들을 상대할 때라면 이야기는 상당히 달라진다.

베트콩 스타일은 1번 원칙이 안전이기에 대한민국 어느 곳을 가든 자신의 몸을 지키는 데는 최고지만 상대들에게 큰 위압감이나 부담감을 주지 못하는 단점을 가지고 있다. 그 반면 람보 스타일은 쉴 없이 베팅을 하며 판을 흔들기에 무너질 때 쉽게 무너지는 반면, 이길 때 큰 승리를 거둘 수 있고 강력한 베팅으로 다른 상대들을 위축시키며 판을 리드할 수 있는 장점이 있다.

포커게임에서 좋은 성적을 거두기 위한 필수적인 요소 중 한 가지가 바로 '상대들을 두렵게 만들고 위축시키는 것'이라는 점을 감안했을 때, 베트콩 스타일은 최고봉의 자리에는 오를 수 없다. 베트콩 스타일과 게임할 때는 대부분 '얄밉고 깐깐하다'라는 느낌을 받을 뿐, 아주 큰 위압감이나 부담은 느끼지 않는다. 자신의 패 역시 아주 좋을 때만 승부하면 되기 때문이다.

하지만 람보 스타일은 그렇지 않다. 람보 스타일과 게임을 하게 되면, 돈을 따기도 쉽지만 한번 걸리면 중상을 입는다는 큰 위험 부담이 항상 뒤따르게 된다. 거기다 매 판마다 카드 한 장 보기가 힘든 상황이 발생하고 자연히 끌려 다니는 게임을 하게 된다. 정말로 실력을 갖춘 최정상급의 람보 스타일을 상대하기란 참으로 쉽지 않다. 그들은 막 치는 것 같으면서도 아주 예리한 승부 감각을 가지고 있기에 질 때는 피해를 최소화하며 미꾸라지처럼 빠져나가고, 이길 때는 큰 승리를 만들어내는 탁월한 능력을 가지고 있다.

따라서 최고봉의 자리는 절대적으로 람보 스타일이 차지할 수밖에 없으며, 이러한 사실은 라스베이거스Las Vegas나 로스엔젤레스Los Angeles 등 세계적인 갬블도시에서도 너무도 확실하게 증명된다.

그런데 중요한 사실은 베트콩 스타일은 어느 정도의 실력만 갖추고 나면 어느 무대에서든 웬만큼 적응할 수 있지만, 람보 스타일은 같이 테이블에서 게임하는 상대들을 완전히 압도할 수 있는 실력이 안 된다면 자칫 엄청난 화를 자초할 가능성이 크다는 점이다.

람보 스타일은 많은 장점을 가지고 있는 반면, 그만큼 무너지기 쉬운 스타일이기에 어느 곳에 가서든 통할 수 있는 실력을 갖추기가 참으로 어렵다. 따라서 이 책을 읽는 여러분들에게는 람보 스타일보다 베트콩 스타일이 되라고 권하고 싶다. 람보 스타일이 시원시원하고 멋있어 보이는 건 분명하지만, 진정으로 실력을 겸비하지 못하는 한 좋은 결과를 얻기가 만만치 않기 때문이다.

그렇다면 만약 여러분이 게임 도중에 람보 스타일이나 베트콩 스타일을 만났을 때는 어떻게 대응해야 할까? 게임 중에 람보 스타일

이나 베트콩 스타일 어느 쪽을 만나든 똑같이 발생하는 현상이 한 가지 있다.

왠지 약이 오르고 적대감이 생긴다는 것이다. 베트콩 스타일을 만날 때는 타이트한 운영으로 일관하므로 누구라도 '되게 코파네, 저걸 어떻게 잡지'라는 생각을 가지게 된다. 그리고 람보 스타일을 만나면 베팅에서 밀리고 끌려다니면서 자연히 '매번 그렇게 잘 맞아? 한 번만 걸려봐라'라는 식의 감정을 가지게 된다. 하지만 어떤 스타일을 만나든 이런 식의 사감을 가지는 것은 좋지 않다. 자칫 무리나 오기로 이어질 수 있기 때문이다.

어떤 스타일을 만나든 특별한 사감을 가지지 않는 것을 우선으로 베트콩을 만났을 때는

첫째, 같이 타이트한 스타일로 맞선다.

둘째, 아예 상대를 하지 않는다.

셋째, 가끔 공갈을 시도한다.

이러한 세 가지 작전 중 가장 잘 통하는 것을 사용하는 것이 좋다.

첫째와 둘째에 대해서는 특별한 설명을 하지 않아도 충분히 이해할 수 있으리라 생각한다. 그리고 셋째인데, 이 작전은 타이트한 베트콩 스타일에게는 아주 효과적이다.

베트콩 스타일은 애초부터 승부보다 안전에 우선을 두는 운영이

기에 조금이라도 불확실하고 불리하다고 느껴지면 승부를 피하는 경향이 강하기 때문이다. 그들에게는 공감이 잘 통하므로 가끔 공갈을 섞어 상대하라는 것이다.

그렇다면 람보 스타일을 상대할 때는 어떻게 해야 할까?

이때는 한 가지 절대적으로 명심해야 할 점이 있다. 바로 '니가 그렇게 잘해?', '니가 그렇게 베팅이 좋아?'라는 식의 감정을 가지고 같이 힘으로 대응하려는 생각을 해서는 안 된다는 점이다. 어찌 되었든 그들은 거친 베팅에 단련이 되어 있기에 배짱이나 힘 그리고 경험에서 여러분이 밀릴 가능성이 더 높기 때문이다. 그렇기에 여러분의 손안에 확실한 패가 만들어져 있지 않은 상황에서 람보 스타일을 상대할 때는 일단 베팅으로 맞받아치려는 작전은 위험하다는 사실을 명심해야 한다.

따라서 람보 스타일을 상대할 때는 서로 불확실한 상황에서 베팅으로 맞장구를 쳐 판을 아주 급박하게 몰고 가지 말고, 적당한 선에서 베팅을 람보에게 넘기는 운영이 효과적이다. 즉, 여러분이 베팅할 만한 패를 가지고 베팅을 안 해도 뒤에서 람보가 베팅을 해줄 테니까 굳이 '모아니면 도'라는 식의 아주 급박한 승부를 만들지 말라는 것이다.

그러다 보면 자연히 람보 쪽에서는 혼자서 베팅을 하게 되는 수밖에 없고, 그것을 상대하는 여러분의 부담은 줄어든다. 그리고 어찌 되었든 그 상황에서의 승부는 여러분 쪽에 승산이 조금이라도 높을 수밖에 없다. 람보 쪽은 웬만하면 판을 키우는 스타일이기에 손안에서 아주 좋은 패가 나올 가능성이 그만큼 떨어지기 때문이다.

그렇기에 람보 스타일을 상대할 때는 확실한 패를 손안에 가지고 있지 않은 서로가 불확실한 상황에서는 힘 대 힘으로 겨루는 식의 승부를 피하고, 웬만하면 베팅을 람보에게 맡기라는 것이다.

람보 스타일의 주특기가 끊임없는 베팅과 레이즈로 판을 흔들며 조그만 판을 주다가 한 번에 큰 승부를 만들어서 승리하는 것인데, 그것은 람보 혼자서는 어렵다. 누군가 반드시 박자를 맞춰주는 상대가 있어야 한다. 그랬을 때 박자를 맞춰주지 않는다면 람보 혼자서 날뛰다가 결국 제풀에 무너지기 쉽다는 이야기다.

그래서 한 테이블에 람보가 두세 명 있으면 그 테이블에서 게임하는 다른 사람들이 힘들어지지만, 한 테이블에 람보가 한 명밖에 없을 때는 람보가 고행 길을 걸을 수 밖에 없다. 물론 람보가 아니라 람보 할아버지라 해도 여러분이 힘으로 맞받아쳐 이겨낼 수 있다면 그것이 최선의 방법이다. 하지만 그것이 안 된다면 힘과 힘의 대결 구도로 만들지 말고 김빼기 작전으로 대응하는 것이 효과적인 방법임을 명심해야 한다.

지금까지 베트콩 스타일과 람보 스타일의 특징과 그들을 상대하는 요령에 대해 간략히 설명했다. 하지만 지금의 설명은 베트콩이든 람보든 최정상급 수준이 아닌 사람들을 상대했을 때의 이야기다.

즉, 지금의 설명은 베트콩이든 람보든 어느 정도의 수준에 있는 사람을 상대로 가정한 것일 뿐, 만약 그들이 최정상급의 실력을 가진 일류들이라면 그때는 오직 한 가지, 게임을 피하는 것이 최선의 방법임을 분명히 밝혀둔다.

앞서도 언급했듯이 여러분들에게는(아주 고수의 실력을 갖추기 전까지는) 무조건 베트콩 스타일이 되라고 권한다. 나라를 위해 할 일이 많고 앞길이 창창한 여러분의 만수무강을 위해서다.

 ## 포플러시보다 좋은 A원페어,
그러나 A투페어보다 좋은 포플러시(6구에서)

이것은 어찌 듣기에는 참으로 말이 안 되는 이론이다. 하지만 어쩌겠는가? 이것이 바로 포커게임의 어려움이자 매력인 것을.

그러면 이제부터 어찌해서 A원페어가 포플러시보다 좋으며, 또 A투페어보다 포플러시가 더 좋은 카드인지를 알아보기로 하자. 물론 모든 경우에 다 이러한 이론이 적용된다는 뜻은 절대로 아니다. 하지만 반드시 그 의미가 무엇인지는 정확히 알고 넘어가야 한다. 우선 'A원페어가 포플러시보다 좋다'고 하는 것은

　1:1의 승부일 경우

만약 1:1의 승부 상황이라면, 포플러시를 가지고 있는 쪽보다는 A원페어를 가지고 있는 쪽의 승률이 80% 이상을 상회한다.

포플러시와 A원페어, 둘만의 승부는 포플러시를 가지고 있는 쪽에서 플러시를 뜨느냐 못 뜨느냐에 완전히 달려 있다.

이는 A원페어를 가지고 있는 사람의 입장에서는 자신이 투페어를 뜨든 못 뜨든, 승패는 상대가 플러시를 뜨느냐 못 뜨느냐에 따라 결정된다는 의미이다. 그러한 상황에서 포플러시에서 마지막에 플러시를 뜰 확률은 평균 9/46에 불과하다. 1/5이 채 안 되는 희박한 확률이다(물론 포플러시를 가지고 있는 사람이 원페어를 같이 가지고 있어서 투페어를 뜨는 경우도 발생할 수는 있다. 하지만 여기서는 일단 그 가능성은 무시하고 그 부분에 대해서는 나중에 다시 다루도록 하겠다).

그렇다면 승산은 당연히 A원페어 쪽이 훨씬 높고, 여러분들은 이러한 상황에서 A원페어를 가지고 자신 있게 승부할 수 있어야 한다.

상대방이 투페어(또는 그 이하)라고 판단될 때

만약 상대방이 6구까지 투페어를 가지고 베팅을 하고 있는 상황이라면, 그것에 대응하는 나의 카드로는 포플러시보다 A원페어가 훨씬 더 승산이 높다.

상대방이 6구까지 투페어를 가지고 있는데 만약 상대방이 히든에 풀하우스를 뜬다면, 나의 카드가 6구에 포플러시든 A원페어든, 마지막에 무엇을 뜨더라도 이길 수 없다. 그런데 투페어를 가지고 있는 상대방이 히든에 풀하우스를 뜨지 못했을 경우라면 나에게도 이길 수 있는 찬스가 생긴다. 6구에 내가 포플러시였다면 플러시를 뜨면 이기고, 6구에 내가 A원페어였다면 투페어를 뜨면 이길 수 있다. 그랬을 때 각각의 확률을 비교해보면,

- 포플러시에서 플러시를 뜰 확률 : 9/46 (≒0.195)
- A원페어에서 투페어(또는 트리플)를 뜰 확률 : 14/46 (≒0.304)

수치로 나타나듯 A원페어에서 투페어를 뜰 확률이 포플러시에서 플러시를 뜰 확률보다 훨씬 더 높다.

이와 같은 이유로 상대방이 투페어를 가지고 있을 때 그것에 대응하는 카드로는 포플러시보다 A원페어가 더 좋다는 것을 알 수 있다.

그러면 이번에는 'A투페어보다 좋은 포플러시', 이것은 또 어찌해서 그렇게 되는지 알아보기로 하자.

이것 역시도 앞의 이론과 똑같은 이야기이다. 상대의 카드가 무엇이냐에 따라서 A투페어보다 포플러시가 훨씬 더 좋은 카드가 될 수도 있고, 훨씬 더 나쁜 카드가 될 수도 있다는 의미이다. 그러면 과연 어떤 경우에 어느 카드가 좋은지 예를 들어 비교해가며 알아보도록 하자.

① 상대가 투페어(또는 그 이하)일 경우

② 상대가 트리플일 경우

③ 상대가 스트레이트 메이드일 경우

④ 상대가 플러시 메이드일 경우(탑이 높을 경우, 낮을 경우)

⑤ 상대가 풀하우스 메이드일 경우

이 다섯 가지 상황을 기준으로 하여 어느 경우에 A투페어보다 포플러시가 좋은 카드인지를 살펴보기로 하자.

우선 결과부터 먼저 얘기하면, ②와 ③의 경우에는 A투페어보다 포플러시가 훨씬 더 좋은 카드가 된다.

그것은 앞서 이야기 했던 이론과 같이, ②와 ③의 경우에는 내가 A투페어이든 포플러시이든 마지막에 바라는 것을 못 뜨면 지고, 뜨면 이길 수 있는 상황이다. 그런데 A투페어에서 풀하우스를 뜨는 것보다는 포플러시에서 플러시를 뜰 확률이 훨씬 더 높기 때문이다(②의 경우는 상대가 트리플에서 풀하우스를 뜨지 못했을 경우를 이야기하는 것임. 그렇기에 상대가 만약 풀하우스를 뜬다면, 그때는 A투페어가 더 좋은 카드가 된다).

그러나 ①과 ⑤의 경우에는 포플러시보다 A투페어가 훨씬 더 좋은 카드이다. ④의 경우에는 상대와 나의 플러시의 탑 중, 어느 쪽이 높은지에 따라 A투페어가 좋은지, 아니면 포플러시가 좋은지가 결정된다.

쉽게 얘기해서 내가 포플러시에서 마지막에 플러시를 메이드시킬 경우, 상대방의 플러시를 무조건 이길 수 있는 상황이라면(나의 플러시 탑이 아주 좋든지, 아니면 상대방의 플러시 탑이 아주 낮다고 느껴질 때), 상대방의 플러시 메이드는 스트레이트 메이드 정도의 의미밖에는 안된다. 내가 플러시를 뜨기만 하면 무조건 이길 수 있는 상황이니까….

그렇기에 이와 같은 경우에는 ③의 상황과 똑같은 상황이라고 보아도 무방하다. 결국 이때는 A투페어보다 포플러시가 더 좋은 카드가 된다.

이와는 반대로 ④의 경우는 상대방 플러시 메이드의 탑이 아주 높거나, 내가 만약 플러시를 메이드시켜도 탑이 나빠서 상대의 플러시 메이드를 이길 수 없을 것 같은 상황이라면, 상대방의 플러시 메이드는 나에게는 풀하우스 메이드의 위력을 가지고 있는 것이나 마찬가지다. 어차피 플러시를 떠도 이기기 어려운 상황이기 때문이다. 그렇다면 이때는 ⑤와 똑같은 상황이 된다. 결론적으로

②, ③의 경우 : A투페어보다 포플러시가 좋다.

①, ⑤의 경우 : 포플러시보다 A투페어가 좋다.

④의 경우 : 상대방과 여러분의 플러시 메이드의 탑에 따라 결정됨.

지금의 이론으로서 알 수 있듯이 포커게임은 그때그때의 상황에

따라 패의 가치가 이처럼 변한다.

예를 들어 6구 현재 Q트리플을 가지고 있다면, 마지막 히든카드에 풀하우스를 뜨고 싶지 않은 사람은 한 명도 없을 것이다. 하지만 만약 그 때 상대방 누군가가 K풀하우스 혹은 A풀하우스 등과 같이 Q풀하우스를 이기는 카드를 가지고 있다면, Q트리플에서 마지막에 풀하우스를 뜨지 못하는 것이 큰 행운이다. 하지만 누구도 그러한 상황을 알 수 없기에 무조건 Q트리플에서 풀하우스를 뜨기를 바란다. 그래서 포커게임이 더더욱 어려운 것이다.

"아니, 거기서 이게 왜 떠서 더 죽게 만드는 거야, 참 재수 하고는 남이네…" 우리는 이러한 푸념을 흔히 들을 수 있다. 물론 앞에서 예를 들은 것과 같이 Q풀하우스와 같이 엄청나게 좋은 카드를 가지고서 지는 경우는 거의 드문 일이다. 하지만 실제로 마지막에 스트레이트나 플러시 등을 떠서 더 많이 잃는 경우는 아주 흔한 일이다.

그런데 이 때 중요한 점은, 상대방이 마지막 카드에서 필요한 것을 뜸으로서 내가 지는 것은 어쩔 수 없는 상황이다.

하지만 그렇지 않고 이미 상대방은 6구(또는 5구)에 메이드가 되어 있는 상황이라면, 나는 결국 마지막에 스트레이트 또는 플러시를 뜨면 더 잃고, 못 뜨면 그나마 적게 잃는 참으로 불행한 경우가 된다. 쉽게 얘기에서, '히든에 무엇을 뜨든 이미 져 있는–' 그러한 상황은 절대로 피해 가야 한다는 뜻이다. 물론 그것이 어렵긴 하지만 결코 불가능한 것은 아니기에 반드시 짚고 넘어가야 할 과제이다.

다시 앞의 이야기로 돌아가서, 결국 카드는 상황에 따라서 A원페어가 포플러시보다 좋을 때도 있고 반대로 포플러시가 A원페어보다 좋은 카드일 경우도 있다.

마찬가지로 A투페어와 포플러시 역시도 상대방 카드의 상황에 따라 어느 쪽이 더 가능성이 높은 카드인지가 바뀐다는 점을 반드시 명심해야 한다. 그렇기에 어느 상황에서 어떤 카드로써 승부할 것인지 정확히 판단할 수 있는 능력도 반드시 갖추어야 한다.

 2트리플과 A-K투페어(6구에서)

이것은 앞의 '포플러시보다 좋은 A원페어, 그러나 A투페어보다 좋은 포플러시'의 내용과 맥을 같이 한다. 어느 누구라도 2트리플과 A-K투페어의 맞대결이라면 2트리플 쪽이 훨씬 더 유리한 카드라는 것은 알고 있다.

그런데 여기서 이야기하는 중요한 점은, 만약에 상대의 카드가 풀하우스 메이드인 상황이라고 가정한다면, 그때는 분명히 2트리플보다는 A-K투페어가 훨씬 좋은 카드가 된다는 사실이다.

이것은 너무나 당연한 이야기인 것처럼 들리겠지만, 실제의 게임 상황에서는 이러한 사실을 무심코 잊어버리는 경우가 많기에 여기서 다시 한 번 강조한다.

물론 상대방의 카드가 스트레이트 메이드 또는 플러시 메이드 등과 같은 때는 말할 것도 없이 2트리플이 A-K투페어보다 훨씬 더 좋은 카드이다.

하지만 예외적인 상황에서는 A-K투페어가 2트리플보다 훨씬 좋은 카드가 된다. 그러면 그 상황이 어떤 경우인지 알아보기로 하자.

① 상대가 풀하우스 메이드일 경우(6구까지)

② 상대가 투페어일 경우(6구까지)

①과 ②의 두 가지 경우에 있어서는 2트리플보다 A-K투페어가 훨씬 더 좋은 카드가 된다. 이해를 돕기 위해 좀 더 자세히 설명하자면, ①의 경우에는 2트리플에서 포카드를 뜨지 못하는 한 풀하우스를 떠도 지는 상황이다. 그렇지만 A-K투페어에서는 A나 K, 둘 중 어느 것을 떠도 이길 수 있는 상황이다.

물론 투페어에서 풀하우스를 뜬다는 것이 엄청나게 어려운 것은 사실이지만, 그래도 2트리플에서 포카드를 뜨는 것보다는 확률이 무려 4배가 높다. 그렇기 때문에 ①의 경우에는 2트리플보다 A-K투페어가 훨씬 좋은 카드가 된다.

그리고 ②의 경우에는, 상대방이 투페어(6구까지의 상황)이기 때문에 마지막 히든카드에서 풀하우스를 뜨지 못한다면 무조건 내가 이긴다(2트리플이든 A-K투페어이든).

그런데 만약 상대방이 히든에 풀하우스를 메이드시킨다면 상황은 ①과 똑같아진다. 즉, 내가 이기기 위해서는 6구째 나의 카드가 2트리플이었다면 무조건 2포카드를 떠야 하고, 6구째 나의 카드가 A-K투페어였다면 A나 K를 떠야 한다. 이렇듯 카드는 그때그때 상황에 의해 그 가치가 크게 달라진다.

여기서 우리가 한 가지 깨달아야 하는 것은, 6구째에 만약 내가 A-K투페어와 같은 카드를 가지고 있다면, 한 명도 죽지 않고 모든 멤버가 히든까지 전부 참여하여 큰 승부를 겨루는 상황이라 하더라도(상대방 가운데는 이미 무엇인가 메이드가 된 사람도 있을 수 있고, 또는 트리플, 투페어 등으로 히든에 풀하우스를 뜨려고 노리는 사람도 분명히 있을 것이다), 다른 상대들이 뜨건 못 뜨건, 오직 내 자신이 풀하우스를 뜨면 1등을 하고 못 뜨면 지는 상황이라고 생각해도 괜찮다.

그러니까 '뜨고서도 지는' 그런 불운한 사태는 거의 발생할 확률이 없다고 보아도 된다. 그렇기에 많은 사람들이 히든까지 죽지 않고 참여하여 배당이 아주 좋을 때에는 충분히 승부를 걸어볼 가치가 있다.

그런데 똑같은 상황에서 6구째에 나의 카드가 만약 2트리플일 경우에는, 상대방들 가운데 누군가가 이미 풀하우스 메이드가 되어 있는 것 같은 상황이라 느껴진다면 6구에서 카드를 꺾을 줄 알아야 한다.

또 풀하우스가 이미 메이드가 되어 있는 사람은 없더라도, 2트리플에서 히든에 풀하우스를 뜨는 것이 바로 나의 완벽한 승리를 보장하기 어렵다는 것도 동시에 알아두어야 한다(다른 사람들도 히든에 풀하우스를 뜰 가능성이 있는 것이니까).

이것이 바로 2트리플과 A-K투페어의 차이점이다.

4구 포플러시는 무조건 뜰 것 같고, 4구 양방 스트레이트는 안 뜰 것 같다

이것은 앞에서도 다루었던 이론이지만, 여기서 다시 한 번 좀 더 상세히 알아보자.

포커게임을 할 때 하수들의 공통된 특징 중 한 가지로서 빼놓을 수 없는 점이 바로, 포플러시를 몹시 선호하며 또 상당히 좋은 카드라고 잘못(?) 생각하고 있다는 점이다. 물론 포플러시가 나쁜 카드라는 이야기는 절대로 아니다. 하지만 보통의 하수들이 생각하듯 엄청나게 좋은 카드라고만 생각해서는 안 된다는 의미이다.

일반적으로 웬만한 하수들은 처음 4구째에 포플러시가 되면 그 판은 무조건 플러시가 메이드 될 것 같이 생각해버리는 경향이 아주 강하다.

◆ 4구째 포플러시가 7구 안에 메이드가 될 확률

① 5구에 메이드가 될 확률 : 9/48(평균)

② 6구에 메이드가 될 확률 : 39/48×9/47 ≒ 350/2,250 ≒ 7/45(평균)

③ 7구에 메이드가 될 확률 : 39/48×38/47×9/46 ≒ 13,000/103,000 ≒ 13/103(평균)

①+②+③ ≒ 47/100

50%가 채 안 되는 확률이다. 이 50%도 채 안 되는 확률을 가지고 무조건 메이드가 될 것처럼 생각한다는 것이 얼마나 위험한 생각인지는 여러분 스스로의 판단에 맡기겠다.

그런데 여기서 또 한 가지 짚고 넘어가야 할 점은, '50%가 채 안 되는 확률'이라는 것은 5구~7구까지 아무 때고 메이드가 될 확률을 모두 합하여 나온 숫자이다.

그러나 5구 또는 6구에 미리 메이드가 되어버리면 액면으로 상황이 드러나서 큰 장사를 기대하기가 어렵게 되므로, 이런 면에서 본다면 결국 진정한 플러시 메이드로서의 큰 가치를 지닌 것은 액면에 나타나지 않고서 마지막 히든에 메이드를 만드는 것이라고 할 수 있다.

포플러시라는 카드는 5구, 6구에 메이드가 되면 액면으로 나타나기에 큰 장사를 기대하기가 어려워진다. 그렇다고 해서 5구, 6구에 메이드가 되지 않으면 점점 메이드가 될 확률은 낮아지고, 경우에 따라서는(6구째의 베팅이 너무 부담이 클 경우) 히든카드를 받아보지도 못하는 상황도 얼마든지 발생할 수 있다.

그렇기에 포플러시를 가지고서 4구에 레이즈를 하는 것은 득보다는 실이 훨씬 많다는 사실을 이제는 깨달아야 한다.

포플러시를 가지고서 4구(또는 5구)에 레이즈를 하여 판을 키워 놓게 되면 6구까지 메이드가 되지 않을 경우, 6구째 상대방의 베팅을 받으려면 큰 부담이 따르게 된다(4구에서 판을 키워놓았기 때문에).

그리고 5구 또는 6구에 메이드가 되는 경우에는 포플러시로서 레이즈를 했었는데 그 무늬가 1장 더 떨어진 경우가 되기에 상대로부터 엄청난 견제를 받게 된다.

이와 같이 상대로부터 많은 견제를 받게 되면, 아주 특별한 경우를 제외하고는 큰 장사를 기대하기는 어렵다. 그래서 4구 포플러시를 가지고는 레이즈를 하지 말아야 한다.

이번에는 4구 양방 스트레이트(이후로는 '양방'으로 표현하겠음)의 경우를 보기로 하자.

	메이드가 되기 위해 필요한 카드	비고

4구 포플러시
예) ♦♦♦♦
	• 무조건 ♦만 오면 된다.
	• ♦는 총 13장인데 그 중 4장은
	  이미 내가 가지고 있다.
		• 남아 있는 9장(13-4)의
		  ♦ 가운데 1장을 뜨면 된다.
		• 뜰 수 있는 장수: 9장

4구 양방 스트레이트 예) 5,6,7,8	• '4'나 '9'가 오면 된다. 4=4장, 9=4장	• 4('4')+4('9')=8 • 뜰 수 있는 장수: 8장

4구 양방의 경우 메이드가 될 확률은 4구 포플러시보다 조금 떨어지는 정도(약 43%)이다. 포플러시에서는 메이드가 되기 위해 필요한 카드는 9장 중 1장이고, 양방에서는 메이드가 되기 위해 필요한 카드는 8장 중 1장이다. 물론 1장의 차이도 크고, 그만큼 포플러시가 양방보다는 조금은 확률이 높은 것이 사실이지만, 실제로 하수들이 기분상으로 "포플러시에서는 뜰 것 같고, 양방에서는 잘 모르겠다."고 느끼는 것과 같이 많은 차이가 절대로 아니라는 점을 여러분들은 명심해야 한다. 그리고 4구 양방일 경우의 베팅 요령에 관해서는 앞에서 다루었던 적이 있기에 여기서는 반복하여 설명하지 않겠다.

지금까지의 설명으로 알 수 있듯이 4구 포플러시와 4구 양방은 메이드가 되었을 때 끗발의 차이는 분명히 있지만, 각각의 카드로서 메이드를 시킬 확률은 거의 비슷하다는 것을 반드시 알아두기 바란다.

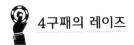

4구패의 레이즈

● 하이 원페어

● 양방 스트레이트

『베팅편』 – '베팅의 요령' 참조

  4구에서 바로 레이즈를 하는 경우는 거의가 '하이 원페어'와 '양방 스트레이트'의 케이스이다. 4구 포플러시는 바로 앞에서 설명했듯 이, 어느 정도 이상의 실력을 가진 사람이라면 특별한 경우를 제외 하고는 레이즈를 하지 않는 것이 보통이다. 그리고 4구 트리플은 자 칫 잘못하다가는 손님(?)들을 다 쫓아버리는 불행한 상황을 염려해 레이즈를 자제하게 된다. 그렇다면 남은 것은 4구 투페어뿐인데, 이 것은 뒤에 따로 설명하기로 하겠다.

  우선 하이 원페어의 경우를 보았을 때, 4구에 하이 원페어를 가지 고 레이즈를 한다는 것은 일단 정상적인 운영이며, 그리고 포커게임 에 대해 어느 정도의 자신감과 실력을 가지고 있는 사람의 베팅 기 술이라고 말할 수 있다.

  4구에 하이 원페어를 가지고서 적당한 찬스를 포착하여 레이즈 를 하고 승부를 거는 것은 고수들의 상용수단 중 한 가지이며, 또 실 제로 꽤 괜찮을 승률을 보장해준다. 앞에서도 잠깐 다루었던 적이

있지만 하이 원페어를 가지고 있을 때 내가 이기기 위해서는

① 내가 트리플, 풀하우스 등 상대보다 높은 족보를 만들었을 경우

② 내가 원페어(혹은 투페어)로 말랐더라도, 상대가 비전 추라이(포플러시, 양방)를
하다가 실패했을 경우, 또는 상대방도 원페어에서 투페어를 만들지 못했을 경우

① 또는 ②의 상황이 되어야 한다.

①의 경우는 내가 스스로 만들 수 없는 상황이지만, ②의 경우는
나의 게임 운영과 베팅 능력으로 어느 정도 그러한 상황을 만들 수
있다.

만약 4구째의 레이즈로써 웬만한 상대들을 4구 또는 5구 정도에
모두 죽여버린 후 1명 내지 2명의 상대와 히든에 맞선다면, 나의 카
드에 큰 상관없이 상대가 히든에 못 뜨면 승리는 거의 나의 것이 된
다. 물론 이와 같은 경우에 상대가 히든에 어려운 확률을 뚫고서 필
요한 것을 뜨면 지는 것은 어쩔 수 없지만, 확률적으로 히든에 가서
필요한 것을 뜰 확률을 생각해 볼 때 분명히 승산은 내 쪽에 훨씬 더
많기 때문이다.

그런데 상대가 6구째까지 비전 추라이가 아닌 트리플이든가 혹
은 메이드가 이미 되어 있는 상황이라서(6구까지의 여러 가지 상황으
로서 판단) 더 강하게 나올 경우에는, 그 때까지 들어간 것을 아까워
하지 말고 바로 꼬리를 감출 줄 아는 지혜도 반드시 가져야 한다.

하지만 중요한 사실은 꼬리를 내릴 때는 내리더라도, 내리기 직전까지는 강한 모습을 보이는 것을 잊지 말아야 한다는 점이다.

포커게임에서는 내가 약한 모습을 보이면 상대는 즉시 반대로 강하게 나오게 된다. 그러므로 아주 좋은 패를 가지고 있어서 손님들을 모셔가기 위해 작전상 약한 모습을 보이는 때를 제외하고는, 상대의 레이즈를 맞고 바로 죽을지언정 그때까지는 절대로 약한 모습을 보이지 말아야 한다.

②와 같은 이유로 4구째에 하이 원페어를 가지고서 레이즈를 하는 것은 충분히 가치가 있다. 물론 레이즈를 했다가 실패하여 피해가 더 커지는 경우도 있겠지만, 레이즈를 하지 않고 모두를 상대하게 되면 그 때는 정말 내가 높은 족보를 만들지 못하는 한 2등이 될 확률이 상당히 높아진다.

포커게임에서 꼴등보다 몇 배 더 나쁜 것이 바로 2등이다. 따라서 결론은 4구째의 하이 원페어로 레이즈를 하고서 승부를 걸어볼 가치가 충분히 있고, 또 그렇게 하는 것이 여러분에게 보다 높은 승률을 보장한다는 사실이다.

양방 스트레이트의 경우도 역시 꽤 자주 접할 수 있는 상황이다. 이것은 기본적으로 '비전카드(포플러시, 양방 스트레이트)로 승부를 걸지 말라'고 하는 포커의 기본 이론에 어긋나지만, 그래도 이 경우는 4구째 포플러시로서 레이즈를 하는 것과는 많은 차이가 있다. 그러면 4구째 포플러시로서 레이즈를 하는 것과, 4구째 양방 스트레이트를 가지고서 레이즈를 하는 것과의 차이점과 장단점을 다음의 표로 알아보도록 하자.

	4구 포플러시로 레이즈를 할 경우	4구 양방 스트레이트로 레이즈를 할 경우
공통점	• 메이드가 안 되면 전혀 쓸모없는 패가 된다. • 5, 6구에 메이드가 안 되면 반대로 이쪽에서 부담이 커진다 (판을 키웠기 때문).	
장·단점	• 장점은 거의 없다. • 5구 또는 6구에 메이드가 되면 액면으로 많이 노출되어 심한 견제가 예상되므로 큰 장사를 기대하기 어렵다.	• 5구 또는 6구에 메이드가 되더라도 액면으로 크게 나타나지 않으며, 큰 장사를 기대할 수 있다. • 약간은 무리한 승부라고 볼 수도 있다.
비고	• 4구에 레이즈를 하는 것은 바람직하지 않다.	• 4구에 레이즈를 해볼 만한 가치가 있다.

대략의 장단점은 표를 보면 어느 정도 이해할 수 있으리라 믿는다. 그렇기에 ②의 경우는 그 가치는 인정되지만 보통 시간이 없거나 상대방 쪽에서 큰 승부를 피하는 경향이 있을 때 많이 사용하며, 따고 있는 경우나 급박한 승부를 피하고 싶을 경우에는 전혀 사용하지 않아도 무방하다.

지금의 '4구째의 레이즈' 단락에서 우리가 알아야 할 것은, 상대가 4구에 레이즈를 했을 때 그 사람의 평소 스타일과 지금의 이론을 잘 종합해보면 그의 패를 읽는 데 많은 도움이 될 수 있다는 사실이다. 그리고 여러분들 역시도 4구째에 이러한 베팅 요령을 잘 이해하고 이용할 수 있게 되기를 바란다.

재미있는 포커 이야기_5

포커게임의 기본 매너

포커는 가장 신사적이고 합리적인 게임의 대명사로 오늘날 세계 모든 사람들이 가장 많이 즐기는 게임의 하나로 자리를 확고히 하고 있다. 특히 최근에는 포커대회에 헐리웃의 유명 스타들이 대거 참가해 더욱 많은 관심을 받고 있으며, 실제로 유럽과 미국에서는 이미 오래전부터 포커게임이 도박이 아닌 두뇌 스포츠로 인정받고 있다.

그래서 포커 게임을 할 때는 다른 어떤 게임보다 깨끗한 매너와 예절을 중시한다. 일례로 유럽의 고급 카지노에서는 큰 게임을 할 경우 정장을 입어야만 입장할 수 있을 정도로 엄격한 규정을 두는 곳도 있다. 물론 그렇다고 친지들이나 동료들 사이에 간단한 취미나 오락으로 즐기는 포커까지 이런 규정을 적용한다는 것은 아니다. 하지만 어느 곳의 포커게임이든 기본적으로 지켜야 할 포커게임의 기본 매너는 반드시 있다. 그러면 포커게임에서 금기시하고 있는 기본적인 사항은 어떤 것이 있는지 한번 알아보자.

● 쓸데없는 말을 하는 것

게임 중에 게임과 상관없는 말을 지나치게 많이 해 상대의 신경을 거슬리게 하는 행동은 삼가 해야 한다.

● 지나치게 시간을 끄는 것

게임을 하다보면 고민을 해야 하는 상황이 생기는 것은 어쩔 수 없다. 하지만 지나치게 시간을 오래 끄는 것은 게임의 순조로운 진행을 방해한다.

● 불평, 불만을 심하게 나타내는 것

돈을 조금 잃고 있거나, 자신의 뜻대로 게임이 풀리지 않는다고 해서 지나치게 티를 내는 행동은 전체 분위기를 흐리게 하므로 절대 해서는 안 될 행동이다.

● 카드를 구기거나 표시를 하는 것

간혹 게임을 하다보면 자신도 모르는 사이에 카드를 구기거나 더럽혀 카드에 표시가 나는 일이 있다. 이것은 경우에 따라 사기도박을 하려는 의도로 몰릴 수도 있다. 이런 행동은 절대로 안 될 금기사항이다.

● 음식을 먹는 것

음료수나 커피, 또는 계란 후라이 등 간단한 음식을 먹는 것이야 큰 문제가 되지 않지만 그 외에 다른 음식을 먹는 것은 분위기가 어수선해지며, 또 손에 묻은 기름기 등이 카드에 묻을 수도 있으므로 게임 도중에 음식을 먹는 것은 자제해야 한다.

● 남의 플레이에 대해 간섭하는 것

게임 중에 상대방의 플레이에 대해 '잘했다', 또는 '잘못 했다'는 식으로 간섭하는 행동은 상대의 신경을 건드리고, 플레이에 영향을 줄 수 있으므로 절대 안 된다. 상대의 플레이에 트집을 잡는 것이야말로 가장 안 좋은 매너로 꼽힌다.

● 상대의 약을 올리는 것

포커는 누구라도 공갈에 당할 수 있고, 이길 판을 놓칠 수도 있는 게임이다. 그렇기에 상대의 실수를 약점 잡아 신경을 자극하는 행동은 신사도에 어긋나는 일이므로 주의해야 한다.

이 같은 행동은 우리나라에서는 반드시 명심해야할 매너이지만, 라스베이거스에서는 거의 문제 삼지 않는 부분이다. 실제 라스베이거스 포커 대회를 보면 게임 중에 말을 하거나 오버 액션을 취하거나, 또는 장고 후에 레이즈를 하는 등 우리의 상식으로는 이해되지 않는 일들이 많이 발생한다.

투페어에서 풀하우스를 뜨려는 사람에게는

딸도 주지 말라는데 [1권 167쪽 참조]

"밤새도록(약 8~10시간) 포커게임을 해서 히든카드에 투페어에서 풀하우스를 2번만 뜰 수 있다면, 그 날은 게임이 잘되는 날이다."라는 말이 있다. 그만큼 투페어에서 풀하우스를 뜨기가 어렵다는 이야기다.

지금의 이야기는 큰 승부가 걸린 판에서 풀하우스를 떠야 이길 수 있는 상황에서 뜨는, 그런 진정한 가치가 있는 풀하우스를 의미한다. 이렇듯 뜨기 어려운 풀하우스를 하수들일수록 투페어만 들어오면 무조건 뜰 것 같이 생각하여 끝까지 미련을 버리지 않고 시도한다. 그렇기에 하수들의 결과는 불을 보듯 뻔하다.

포커게임을 하며 어느 누구인들 투페어에서 마지막 히든카드에 풀하우스를 떠보고 싶지 않겠는가? 그 마음은 아무리 고수라 할지라도 똑같다. 하지만 여러 가지 상황과 가능성을 생각하여 포기할 줄 알아야 한다. 그러한 수련이 잘 되어 있는 사람일수록 고수의 대열로 올라가는 것이기 때문이다.

앞에서도 다룬 적이 있지만 배당이 아주 좋거나, 이상하리 만큼이나 무조건 뜰 것 같은 묘한 기분이 든다거나 하는 식의 특별한 경우에는 승부를 걸어볼 수도 있다. 하지만 기본적으로는 "풀하우스를 못 뜨면 진다."라고 느끼는 상황(특히 1:1의 상황에서는 거의 절대적으로)에서는 무리하게 풀하우스를 뜨려고 시도하는 습관을 버려야 한다. 이것은 꿈에서도 명심해야 할 아주, 대단히, 매우, 몹시 중요한 이야기임을 잊어서는 안 된다.

그렇기에 투페어를 가지고 죽지 않으려고 하는 사람은 게임에서 최후의 승자가 될 수 없으며 '투페어에서 풀하우스를 뜨려는 사람에게는 딸도 주지 마라'는 얘기가 포커세계의 영원한 명언으로 전해 내려오고 있는 것이다.

 ## 상대방의 성격, 스타일, 초이스 습관 등을
최대한 빨리 파악해야 한다 [1권 98쪽 참조]

이것은 실전 게임에서 여러분의 승률을 높이는 데 필요한 상당히 중요한 요소 중 하나다.

예로부터 '적을 알고 나를 알면 백전백승'이란 말이 있듯이, 포커게임에 있어서도 상대의 스타일을 정확히 파악하고서 게임에 임할수만 있다면 승률은 엄청나게 높아진다. 그렇다면 과연 상대의 스타일이라는 것이 무엇을 의미하는지, 몇 가지만 예를 들어 알아보기로 하자.

① 게임 운영을 타이트하게 하는가? 공갈이 어느 정도 있는가?

② 만약 내가 공갈을 시도했을 때 콜을 하고 확인을 잘 하는 스타일인가?

③ 플러시 3장으로 출발할 때 가장 낮은 숫자를 초이스해서 깔아놓는가? 아니면 오히려 높은 쪽의 숫자를 초이스하여 깔아놓는가?(『초이스편』 '어떤 카드를 오픈시킬 것인가' CASE 6 참조)

④ 처음에 낮은 원페어로 출발했을 경우 페어를 완벽하게 감추는가? 아니면 그 페어를 찢어서 오픈시키는가?(『초이스편』 '어떤 카드를 오픈시킬 것인가' CASE 1 ~ CASE 5 참조)

이 밖에도 글로써 표현하기 힘든 각각의 특징과 버릇 스타일 등이 많이 있지만, 우선 대략적으로 위의 4가지에 대한 상대방의 취향과 스타일을 정확히 파악할 수만 있다면 실제 게임에서 엄청난 도움이 된다.

①의 경우 상대가 만약 게임 운영을 아주 타이트하게 하고 공갈을 별로 시도하지 않는 스타일이라고 판단되면, 그러한 스타일의 사람을 상대로는 공갈을 체포하려고 시도하지 말아야 한다.

이러한 스타일의 사람이 베팅이나 레이즈를 해온다면, (내가 그것을 인정하고도 거기에 또 레이즈를 할 수 있을 정도의 좋은 카드가 아니라면)

일단 거의 지는 상황이라고 판단해야 한다는 뜻이다.

상대가 나의 카드를 정확히 읽지 못하고 베팅을 하는 경우라든가, 아주 간혹은 공갈이 나올 수도 있는 것은 사실이다. 하지만 기본적으로는 이러한 스타일의 사람을 상대로는 공갈을 체포하려고 시도하지 말고 웬만하면 인정해주라는 의미이다.

그런데 반대로 상대가 공갈을 자주 시도하는 스타일이라고 느껴질 때는, 적당한 기회를 포착하여 공갈을 체포하려는 시도를 해볼 만한 가치가 있다.

②의 경우 상대가 확인을 잘 하는 스타일이라 판단된다면, 그러한 사람을 상대로는 가능한 한 공갈을 시도하지 말아야 한다. 이것은 너무나 당연한 이야기다. 하지만 하수일수록 상대가 누구인지 생각도 않고 무작정 공갈을 시도하는 경향이 있기 때문에 그만큼 실패할 확률이 높은 반면, 고수들은 공갈을 시도할 때도 여러 가지 상황과 상대가 누구인지를 정확히 판단하기 때문에 그만큼 더 성공의 확률이 높아진다.

③의 경우도 상당히 중요한 이야기이다. 앞에서도 언급했던 적이 있듯이 일반적으로 하수들은 처음에 플러시 3장이 들어오면 아무런 생각 없이 거의 기계적으로 가장 낮은 숫자를 오픈시키는 아주 나쁜 버릇을 가지고 있다.

우선 아래의 그림을 보기로 하자.

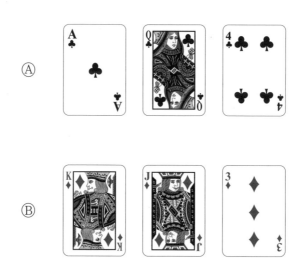

하수들은 Ⓐ와 같은 경우에 거의 무조건 4를, Ⓑ와 같은 경우에는 거의 무조건 3을 오픈시킨다. 그런데 이것은 포커게임을 하는 한 반드시 버려야 할 아주 나쁜 습관이다(『초이스편』 '어떤 카드를 오픈시킬 것인가' CASE 6 참조).

이 같이 처음에 플러시 3장이 들어왔을 때 습관적으로 가장 낮은 숫자를 오픈시키는 것은 상대방으로 하여금 자신의 카드를 읽기 쉽게 만들어 준다. 바꾸어 말해 처음에 오픈시킨 숫자가 ♥Q(또는 ♥J,

♥10)라고 가정한다면, 상대들은 일단 "아, 저거 하트 플러시 쪽은 무조건 아니구나."라고 아주 편하게 생각할 수 있다는 뜻이다. 플러시 3장을 가지고 출발할 때 항상 가장 낮은 숫자를 오픈시켜왔다면, ♥Q가 처음에 오픈되었다는 것은 처음에 하트 A-K-Q로 출발하지 않은 이상 이론상으로는 절대로 하트 플러시 3장으로 출발한 것이 아니라는 결론이 너무나 자연스럽게 나온다.

마찬가지로 10, J 정도의 숫자를 처음에 오픈시켰을 경우에도, 똑같은 무늬로 10이나 J보다 높은 숫자 2장을 손에 들고 있는 것이 아닌 한 플러시 3장 출발은 아니라고 보아도 무방하다. 이것이 바로 플러시 3장으로 출발할 때 습관적으로 가장 낮은 카드를 오픈시키는 사람의 불리한 점이다.

그렇기에 Ⓐ와 같은 경우에 항상은 아니라도 최소한 2~3번에 1번 정도는 Q를, Ⓑ와 같은 경우에는 J 또는 K를 처음에 오픈시킬 줄 알아야 하며, 또 반드시 그렇게 해야 한다. 이와 같은 이론을 알고서 상대가 플러시 3장으로 출발할 때 어떤 식의 초이스를 하는지 유심히 관찰하여 스타일을 정확히 파악해둔다면 여러분의 성적 향상에 많은 도움이 될 것이다.

④의 경우도 ③의 경우와 흡사한 이야기지만, 이것은 페어의 경우이기에 따로 나누어서 설명하도록 하겠다.

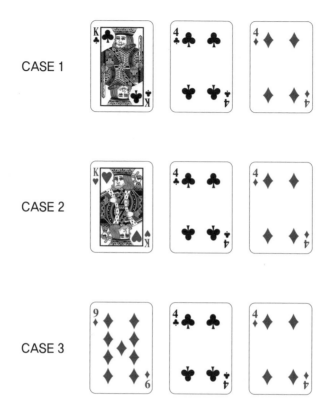

CASE 1

CASE 2

CASE 3

〈CASE 1〉~〈CASE 3〉과 같은 경우에 어떤 카드를 오픈시켜야 하는지에 대해서는 앞에서 이미 설명했던 것이기에 여기서는 생략하기로 하며, 여기서 다루는 중요한 점은 〈CASE 1〉~〈CASE 3〉과 같은 카드가 들어왔을 때 '상대가 과연 어떤 카드를 오픈시키는 스타일이냐?' 하는 것을 정확하게 파악해두어야 한다는 점이다.

만약 상대방이 〈CASE 1〉, 〈CASE 2〉, 〈CASE 3〉과 같은 경우에 4를 오픈시키는 스타일이라 판단된다면, 그 사람의 경우에는 처음에 오픈시켰던 숫자(특히 중간 이하의 낮은 숫자)가 한 장 더 그 사람의 액면에 떨어져서 액면으로 페어가 되었을 경우에는 트리플의 가능성을 항상 염두에 두어야 한다. 이해를 돕기 위해 다음 그림을 보자.

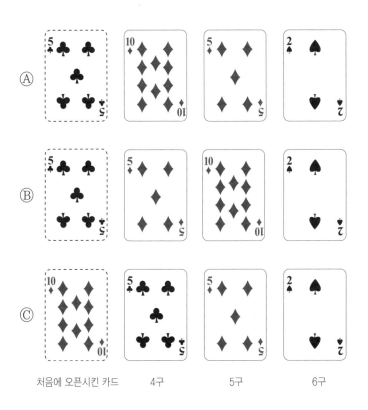

처음에 오픈시킨 카드   4구   5구   6구

①, ② : 처음에 낮은 페어를 찢는 스타일이라면 트리플 가능성이 많다.

③ : 트리플의 가능성이 별로 많지 않다.

그림에서 보듯이 ①와 ②의 경우는 처음에 5를 오픈시켜 놓은 상태에서 4구 또는 5~6구에 5가 한 장 더 와서 5원페어가 액면으로 되어 있는 상황이다.

이와 같은 경우에는 앞에서 말한 대로, 처음에 낮은 페어를 찢는 스타일의 사람이라면 트리플의 가능성을 상당히 염두에 두어야 한다.

그리고 만약에 낮은 페어를 처음에 찢어서 오픈시키지 않고 다른 숫자를 오픈시킨 후 페어를 손 안으로 모두 감추는 스타일의 사람이라면, ①, ②와 같은 경우라도 트리플의 염려는 거의 하지 않아도 괜찮다.

쉽게 얘기해서 이런 스타일의 사람은 손 안에 원페어를 가지고 있고 또 액면으로 원페어가 깔려 있기 때문에 투페어가 되어 있는 경우가 거의 대부분이며(6구까지의 상황), 경우에 따라서 포카드 또는 풀하우스 메이드가 되어 있을 수는 있지만 트리플은 나오기가 어렵다는 뜻이다.

하지만 그것은 희박한 확률이기에 지면 관계상 나중에 다시 한 번 기회가 온다면 그 때 자세히 설명하도록 하겠다.

이와 같이 상대가 어떤 스타일로 처음의 카드를 오픈시키느냐 하는 것을 정확히 알고 있다면 상대의 패를 읽을 때 훨씬 수월해지고 정확해진다.

그렇기에 언제 어느 때든 기회가 있을 때마다 상대의 초이스 스타일이나 베팅 요령 등을 놓치지 말고 잘 파악해두는 것, 이것이 바로 당신의 승률을 조금이라도 더 높여주며, 그러한 모든 것들이 하나하나 쌓여가면서 비로소 당신도 고수의 대열로 들어서게 되는 것이다.

 ## Q, K, A 등을 처음에 오픈시켰을 때
4, 5, 6구 중 그 카드의 페어가 떨어지는 것은
트리플의 가능성이 거의 없다 [1권 99~119쪽 CASE 1~CASE 5 참조]

이것은 바로 앞에서 설명한 '처음에 낮은 원페어를 찢어서 오픈시키는 스타일의 사람은 처음에 오픈시킨 그 숫자가 1장 더 떨어져 액면으로 페어가 될 경우 트리플의 가능성을 염두에 두어야 한다'는 것과 반대의 이야기다.

포커게임을 하는 사람이라면 누구든(아주 특별한 경우를 제외하고) 처음에 하이 원페어를 찢어서 오픈시키려 하지 않는다. 가능하면 자신의 패를 감춰 남이 읽기 어렵게 만드는 것이 승패와 직결되는

사항이라 할 때, 누구든 처음에 높은 페어를 감추려 하는 것은 어찌
보면 당연한 일이다.

  그렇다면 우리는 이 '어느 누구라도 처음에 높은 원페어를 찢어
서 오픈시키려 하지 않는다'는 점에서 또 한 가지 중요한 사실을 알
수 있다.
  바로 Q, K, A 등을 처음에 오픈시켰을 때, 그 카드의 페어가 떨어
지는 것은 트리플의 가능성이 거의 없다는 점이다.
  이것은 실전에서 상당히 자주 나오는 상황이므로 정확하게 이해
하여 반드시 실전에 응용해볼 만하다. 그러면 우선 다음 그림을 보
기로 하자.

  Ⓐ는 처음에 K를 오픈시킨 후 5구에 K가 또 떨어진 경우
  Ⓑ는 처음에 K를 오픈시킨 후 4구에 K가 또 떨어진 경우
  Ⓒ는 처음에 K를 오픈시킨 후 6구에 K가 또 떨어진 경우
  Ⓓ는 처음에 오픈시킨 숫자와 관계 없이 4구, 6구에 K가 떨어진 경우
  Ⓔ는 처음에 오픈시킨 숫자와 관계 없이 4구, 5구에 K가 떨어진 경우

  다음 그림에서 Ⓐ~Ⓒ와 같이 K가 처음에 오픈된 상황에서 4~6
구에 K가 한 장 더 떨어져서 액면으로 K원페어가 된 경우엔, 앞에
서 말한 대로 K트리플의 가능성은 거의 없다고 보아도 무방하다.

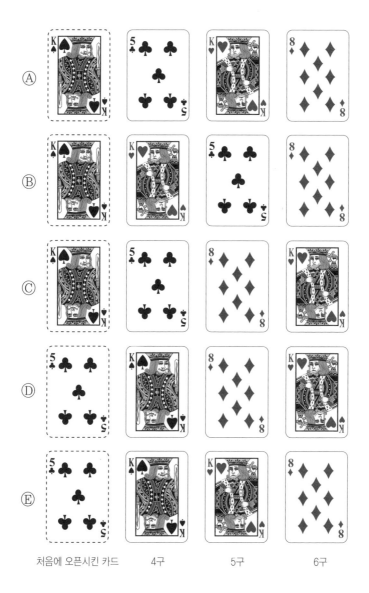

<table>
<thead>
<tr><th></th><th>처음에 오픈시킨 카드</th><th>4구</th><th>5구</th><th>6구</th></tr>
</thead>
</table>

그런데 ⓓ 또는 ⓔ와 같이 처음에 오픈시킨 카드와 상관없이 그 이후에 K가 2장이 떨어져서 액면으로 K원페어가 되었을 경우에는 K트리플의 가능성을 무시해서는 안 된다.

그렇다고 해서 ⓓ와 ⓔ 같은 경우에 K트리플의 가능성이 상당히 높다는 것도 아니고, 그 가능성을 겁내서 플레이가 위축될 필요까지는 없다.

ⓐ~ⓒ의 경우와 비교하였을 때 ⓓ, ⓔ의 경우는 트리플이 나올 가능성이 어느 정도 있기에 그때그때의 상황을 잘 판단하여 현명하게 대처해 나가는 것이 바람직하다.

재차 장담하지만 ⓐ~ⓒ의 경우에는 (아주 특별한 경우를 제외하고는) 거의 트리플이 없다고 생각해도 무방하고, ⓓ~ⓔ와 같은 경우에는 트리플의 가능성을 어느 정도 생각하고서 게임에 임해야 한다. 보통의 하수들이 생각 없이 보기에는 ⓐ~ⓔ까지의 카드가 똑같은 카드라고 느껴질지 모른다.

하지만 실제로는 앞의 설명과 같이 그렇게 엄청난 차이점이 있는 카드라는 점을 이제부터라도 반드시 깨달아야 한다. 그리고 이 이론을 잘 이해하면 게임운영이 훨씬 효과적이 될 수 있고, 또한 이 이론을 잘 이해하고서 공갈을 시도한다면 공갈의 성공률도 훨씬 높일 수 있다.

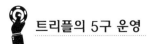

트리플의 5구 운영

5구 트리플일 때 상대를 데리고 가야하나? 자르고 가야 하나?

포커를 즐기는 모든 사람들의 영원한 고민 중의 하나이다.

데리고 가자니 누군가 떠서 내가 풀하우스를 못 뜨면 질 수도 있고, 자르고 가자니 간만에 찾아온 찬스에서 상대들을 다 죽여 장사를 망치지 않을까? 하는데서 오는 고민이리라. 좀 더 높은 승산을 먼저 생각해야 하나? 아니면 효과적인 장사를 먼저 생각해야하나? 과연 여러분의 생각은 어떠신지?

이때 거의 모든 하수들이 가장 공통적으로 생각은 과연 어떤 것일까? 아마도 "데리고 가서 나는 풀하우스를 뜨고, 상대는 플러시나 스트레이트 뜨는 것"이 분명할 것이다. 이것이야 말로 가장 환상적인 시나리오가 틀림없지만, 절대 쉽지 않은 일이다. 즉, 하수들의 그런 기대는 시나리오는 최고지만 욕심이 앞서는 생각이라는 뜻이다.

그렇다면 5구 트리플에서 어떤 것을 먼저 생각해야 할까?

① 데리고 간다 – 큰 장사를 노린다

② 잘라야 한다 – 승률을 높인다

기본적으로 ①과 ②는 정 반대의 특정을 가지고 있다. 그렇기에 현장의 게임 분위기, 흐름, 자금 상황, 플레이어의 수, 상대스타일 등등 모든 것을 감안해서 본인이 선택해야할 부분일 뿐, 언제든 일정하게 '데리고 가야한다', '잘라야한다'라는 식으로 단언할 수는 없다. 결국 본인의 결정이 정답이라는 뜻이다.

예전 초일류 고수로 필자와도 많은 게임을 했던 M씨는 "트리플은 1명을 데리고 장사해라~! 상대를 데리고 가서 여러 명 승부를 하게 될 경우엔 풀하우스를 못 뜨면 여러 명 중 누군가 한명이 원하는 카드를 떠서, 내가 2등을 할 확률이 높고, 이것은 거의 대형 사고를 의미한다. 그렇기에 큰 장사보다 승률 높이는 운영에 우선순위를 두어야 한다."라고 강력하게 주장하였다. 즉, 5구에서 상대가 다 죽어 헛장사가 되는 한이 있더라도 일부러 데려가려지 말고 자르라는 것이다.

물론 아무리 초일류 고수의 말이라고 해도 모든 분들이 무조건 동의한다고는 생각하지 않는다. 특히 "얼마 만에 잡은 트리플인데, 5구에 다 죽이는 건 말 안 돼!"라고 주장하는 분들도 적지 않으리라 생각하며 이런 주장 또한 충분히 공감할 수 있다.

그리고 실제로도 언제, 어느 경우에나 M씨의 정답이라는 건 절대 아니다. 하지만 어찌되었든 한 시대를 풍미했던 초일류 고수가 강력하게 주장하는 만큼 M씨와 다른 생각을 가지고 있는 분들이라도 한 번쯤은 음미해볼 필요가 있으리라 생각한다.

그럼 실전 상황을 예로 들어 M이 주장하는 의미를 좀 더 상세히 알아보자.

세븐오디 5구 현재 상황. 4구에 2명은 카드를 꺾었고 4명의 승부다.

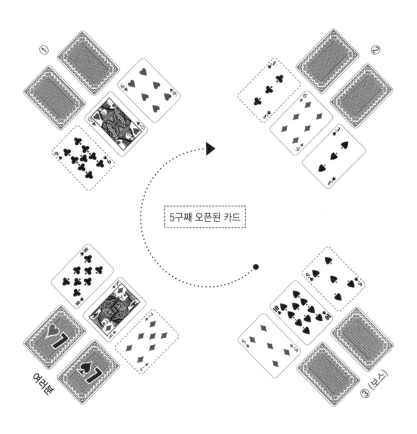

5구째 오픈된 카드

그림에서 보듯 여러분은 7트리플이 되었고, 보스인 ③이 베팅을 하고 나왔다.

여기서 여러분은 어떤 선택을 하시겠는지? 많은 분들이 코앞에서 ③이 베팅을 한 상황이기에 콜만 하고 뒷집들을 데리고 가고 싶은 기분을 먼저 느낄 것이다. 얼핏 당연한 것으로 느껴지는 이런 선택이 M의 주장에 의하면 올바르지 않다는 것이다. 즉, M은

첫째, 바로 레이즈를 해도 여러분의 패를 포플, 양방 등으로도 볼 수 있다. 레이즈를 한다고 ①, ②가 반드시 죽는다는 보장 없다는 의미.

둘째, ①, ②가 어떤 카드를 가지고 있는지 모르는데 싸게 1장 보여줄 필요 없다. 응수타진의 의미도 함께 있다.

셋째, ③을 상대로도 레이즈를 걸어 승부를 크게 만든다.

넷째, 콜만 하고 여러 명 승부가 되면, 여러분이 풀하우스를 못 뜨면 2등을 할 가능성이 높아진다.

다섯째, 레이즈를 해서 죽을 상대라면 어차피 큰돈 보태줄 손님 아니다.

이와 같은 여러 가지 이유로 바로 레이즈를 하는 것이 올바른 운영이라고 강조하는 것이다. 너무 욕심부리지 말고 손님 1명만 있어도 충분하다고 생각하라는 것이다. 손님을 쫓아버리는 한이 있어도 2등을 할 가능성을 최소화하는 것이 훨씬 실속 있는 운영이라는 뜻이다. 과연 여러분의 생각은 어떠신지?

자신의 액면에 깔려 있는 카드와 손 안에 있는 카드가
일치할 때는, 레이즈를 맞으면 무조건 죽어야 한다 (히든에서)

이것은 앞에서도 설명했던 적이 있지만 좀 더 이해하기 쉽게 설명하면, 나의 액면에 깔려 있는 카드를 보고서 상대방들은 모두 "아, 저건 ○○○겠구나." 하고 나름대로 판단을 하게 된다. 그리고 그 판단은 대부분의 경우 어느 정도의 정확성을 가진다. 나의 액면에 깔려 있는 4장의 카드를 보고서 그 주변에 빠져 있는 카드들과 진행상황, 나의 스타일이나 특징 등 모든 것을 종합하여 상대 쪽에서 판단을 내리는 것이기에 어느 정도의 정확성을 가지고 있다고 봐야 한다는 뜻이다.

그렇다면 그러한 상황에서 내가 히든에 베팅을 하고 나갔는데 상대쪽에서 레이즈가 날아온다는 것은, 나의 패를 나름대로 진단해본후 이길 수 있다는 확신이 들었기 때문이라고 판단해야 한다.

따라서 상대가 만약 공갈로써 나를 죽이려는 것이 아니라면 이때는 거의 90% 정도는 지는 상황이 틀림없다.

내가 액면에 스트레이트 쪽의 카드를 깔아놓고서 실제로 스트레이트 메이드를 잡고 있거나, 내가 액면에 플러시 쪽의 카드를 깔아놓고서 실제로 플러시 메이드를 잡고 있을 경우에, 히든에 베팅을 하고 나갔는데 상대로부터 레이즈가 날아온다는 것은, 상대방이 나의 카드를 스트레이트 메이드 또는 플러시 메이드로서 이미 인정하고서 레이즈를 한 것이라는 얘기다. 그렇기 때문에 "스트레이트 메이드인데 어떻게 죽어?" "플러시 메이드인데 어떻게 죽어?" 하며 미련을 가지는 것은 거의 하수들의 어리석은 판단일 뿐이다. 레이즈를 맞는 순간 이미 승산이 희박하다는 사실을 깨닫고 인정해야 한다는 뜻이다.

다시 한 번 요약하면 나의 액면에 깔려 있는 카드와 손 안에 들고 있는 카드가 일치하여 대부분의 사람들이 예상할 수 있고 실제로도 그런 카드를 가지고 있을 때는, 아무리 좋은 카드라 할지라도 상황을 잘 판단한 후, 꼬리를 내릴 줄 알아야 한다는 것이다. 필자는 종종 "메이드인데 어떻게 죽어, 죽어도 못 죽어-."라며 끝까지 콜을 하다가 항상 마지막에 후회하는 어리석은 하수들을 보곤 한다. 이제는 그런 터무니없는 고집은 버려야 한다.

그렇다면 히든에 베팅을 하고 나갔는데 상대가 레이즈를 하면 무조건 죽어야 하나? 아니다. 그런 의미는 절대로 아니다. 그렇다면 어떤 경우에는 상대방으로부터 레이즈가 날아오더라도 승부를 할 수 있으며, 또 해야 하는지 알아보기로 하자.

① 레이즈를 한 상대방이 공갈이라고 느껴질 경우
② 나의 액면을 보고서 상대들이 예상할 수 있는 카드보다 내가 더 좋은 카드를 가지고 있을 경우

①의 경우는 따로 설명이 필요 없으리라 생각한다. 다만 한 가지, ①의 경우는 서로가 위험부담이 많은 운영이므로 절대로 자주 생각하면 안 되는 평범하지 않은 방법이라고만 알고 있기 바란다.

◆ ②의 경우는 쉽게 표현해서,

　　– 나의 액면에는 스트레이트처럼 보이는 카드가 깔려 있는데 실제로 나는 플러시 또는 풀하우스를 가지고 있는 경우

　　– 나의 액면에는 플러시처럼 보이는 카드가 깔려 있지만 실제로는 풀하우스를 가지고 있는 경우

이 두 가지 경우이다. 물론 쉽게 나오는 상황은 아니지만 실전에서 제법 심심치 않게 나오는 상황이다.

이러한 때에는 상황을 잘 파악하여 그래도 역시 죽어야 하는지, 콜을 해야 하는지, 아니면 오히려 내가 또 레이즈를 할 수 있는 상황인지를 판단하면 된다.

지금까지의 설명에서 보듯이

"플러시 메이드는 절대로 죽을 수 없는 높은 족보…."
"풀하우스는 하늘이 두 쪽이 나도 죽을 수 없는 카드…."

라는 식의 무조건적인 신념은 실제로 포커게임을 하는 데 있어서 가

장 먼저 버려야 할 잘못된 고집이다.

포커게임이란 질 것 같은 상황에서는 플러시나 풀하우스를 가지고도 죽을 줄 아는 결단력을 가져야 하며, 이길 수 있다는 자신감이 있을 때는 원페어, 투페어로도 승부할 수 있는 배짱도 있어야 한다.

 베팅을 하기도 전에 뒤에서 먼저 돈을 잡고 세는 모션을 취하는 사람은 몹시 추운 상태이거나 베팅하면 거의 죽는 상태
(진짜 자신 있는 카드를 가지고 있을 때는 뒤에서 숨도 크게 안 쉰다)

게임을 하다 보면 참으로 자주 볼 수 있는 현상이다. 보통의 하수들은 자신이 베팅을 하려고 하는데 뒷집에서 돈을 세고 있으면 "아, 저 집은 굉장히 자신 있는 모양이구나."라고 지레 겁먹고서 하려던 베팅을 멈추는 경우가 간혹 있는데, 이것은 실제로는 그 반대의 상황이다. 자신의 베팅순서가 되지도 않았는데 미리 돈을 잡고서 세는 동작을 취하는 것(일종의 샤킹)은 그만큼 자신이 없기 때문에 상대로 하여금 "베팅을 하지 말라."고 무언의 시위를 하고 있는 것이라고 생각하면 된다. 즉, 축구에서 말하는 헐리웃 액션이다. 그렇기 때문에 그러한 경우에는 더욱더 굳세게 베팅을 해야 한다. 설사 베팅을 안 하려고 생각하고 있었다 해도 뒤에서 그러한 동작을 취하면 일부러 베팅을 해볼 필요가 있을 정도로, 그만큼 돈을 미리 세는 사람은 마음이 춥고 괴롭다는 의미이다. 만약에 뒷집에 있는 사람이 정말로 훌륭한 패를 잡고 있다면, 아마도 그 때는 숨도 크게 안 쉬고 조용히 손님을 기다리고 있을 테니까 말이다.

그렇기에 이제부터는 여러분들도 그러한 모션에 현혹되지 말고 소신껏 게임을 이끌어 나가기 바란다.

 액면에 빠져 있는 모든 패를 기억하기 어려울 때는
페어의 숫자가 다른 곳에 빠져 있는지,
각 무늬의 A, K 등의 순서로 기억하라

포커게임에 있어서 또 한 가지 항상 몸에 익혀둬야 할 중요한 습관은, 매 판마다 그때그때 무슨 숫자가 몇 장 빠졌는지, 그리고 무늬는 어떤 무늬가 어느 정도 빠졌는지를 가능한 대로 정확히 체크하는 일이다.

이것 역시도 보통의 하수들은 아주 게을리 하고 있는 일이다. 심지어는 자신이 처음에 초이스하여 버렸던 카드마저도 까맣게 잊어버리고서 게임에 임하는 경우가 허다하다.

이것은 포커게임을 하는 한 빨리 고쳐야 할 아주 나쁜 습관이다. 매 판마다 자신이 버릇처럼 기억해두는 몇 장의 카드가 실제로 자신에게 엄청난 득을 가져다주는 경우가 생각보다 많다. 따라서 언제나 단 1장의 카드라도 더 기억할 수 있도록 항상 최선을 다해야 하는 것은 포커게임을 즐기는 사람들이 반드시 지켜야 할 최소한의 의무다.

그런데 실전 게임에서 매 판마다 빠지거나 깔렸던 카드들을 완벽하게 기억하는 것이 쉽지 않고, 또 오랜 시간 게임을 하다 보면 정신적, 육체적으로 피로가 느껴져 완벽히 체크하기가 힘들어지는 경우도 있다. 그렇기 때문에 그러한 때는 중요한 카드들을 우선적으로 체크해 나가야 한다.

① 상대방의 액면에 깔려 있는 페어와 같은 숫자가 다른 곳에 빠져 있는지, 혹은 자신의 손 안에 있는지

② 자신이 손 안에 가지고 있는 페어의 숫자가 상대방의 액면에 혹시 빠져 있는지

③ 각 무늬의 A, K 등의 순서로

대략적으로 볼 때 ①, ②, ③의 3가지만은 어떠한 경우에라도 반드시 체크하며 게임에 임해야 한다. 이것은 포커게임을 하는 사람들의 가장 기본적인 의무이며, 또 그렇게 함으로써 여러분에게 큰 도움이 된다는 사실을 여러분 스스로도 느낄 수 있을 것이다.

되풀이되는 이야기지만 하수들일수록 예컨대 상대가 액면에 7페어를 깔아놓고서 강하게 나올 경우 "7자가 빠졌었나, 안 빠졌었나?"

하고, 플러시 싸움이 붙었을 경우 "클로버 A가 빠졌든가, 안 빠졌든가? K는 빠졌었나?" 하며 나중에 후회를 하곤 한다. 그렇다고 해서 이미 죽어버린 상대방의 카드를 다시 뒤집어볼 수는 없기에 나중에서야 "진작 좀 정확히 체크해둘걸…." 하고 후회를 해본들 배는 이미 떠난 다음이다. 바로 이런 부분에서도 고수들은 상황을 예측하고서 자신이 체크해야 할 부분들을 항상 미리 정확하게 기억해두기 때문에 나중에 그러한 상황이 닥치더라도 훨씬 더 자신 있게 소신껏 대응해 나갈 수 있다.

자신의 패가 아주 형편없어서 4구 또는 5구에 기권해야 할 상황이라면 쓸데없는 노력의 낭비가 될 수도 있다. 하지만 자신이 어느 정도 가능성이 있어 승부를 해볼 만하다고 느껴지는 상황이라면 지금의 말을 명심해야 한다.

처음에 A를 오픈시키는 것

● **고수들(중급자 이상)**

① 트리플 출발

② 플러시 쪽 2장(A와 관계없는 무늬)

③ 아주 나쁜 카드

● 하수들

① 트리플 출발

② 플러시 쪽 2장(A와 관계없는 무늬)

③ 손 안에 페어를 가지고 있을 경우

일반적으로 포커게임을 하다 보면 상대가 처음에 A를 오픈시키는 것을 종종 볼 수 있다. 이 때 상대가 A를 오픈시킨 의미를 정확히 알아낼 수만 있다면 실전에서 여러분에게 많은 도움이 된다는 것은 따로 말할 필요도 없다.

상대가 A를 처음에 오픈시켰다고 하여 100% 정확하게 그의 카드를 감지하는 것은 불가능하지만, 그래도 어떤 카드를 손에 감추고서 처음에 A를 오픈시켰는지 어느 정도는 예상이 가능하다. 왜냐하면 보통의 경우라면 A를 처음에 오픈시킨다는 것은 약간은 특이한 초이스 방법이기 때문이다.

그러면 처음에 A를 오픈시키는 것은 어떤 의미가 있는지 고수들의 경우와 하수들의 경우로 나누어서 알아보도록 하자. 우선 고수들의 경우를 보면 한 마디로 표현하여 'A 트리플 출발이 아니라면 전혀 별 볼 일 없는 카드'라고 생각해도 좋다.

물론 아주 특별한 경우에 예외가 있을 수는 있다(1권『초이스편』'어떤 카드를 오픈시킬 것인가' - 〈A〉 3,4,5,6포에 상관없이 같은 초이스를 하는 경우 CASE 1이 파생되는 비슷한 경우의 ⑧ 참조).

하지만 일단 A를 처음에 오픈시킨 사람의 실력이 중급자 이상 정도만 되더라도 여러 가지 상황으로 종합 판단하여 A 트리플 출발이 아니라고 느껴진다면, 보통은 별 볼일 없는 카드라고 생각해도 무방하다.

단지 한 가지, 오픈시킨 A와 다른 무늬 2장을 손안에 가지고 있을 상황을 고려하여 플러시 쪽의 가능성에 대해서만 조금 신경을 쓰고, 체크하면 된다.

예를 들어 다음 페이지의 그림과 같이 처음에 오픈시킨 A와 다른 무늬가 연속해서 떨어졌을 경우에는, 만약에 손 안에 같은 무늬 2장을 가지고서 A를 오픈시킨 것이라면 플러시의 가능성을 약간은 염두에 두어야 한다는 뜻이다.

| 처음에 오픈시킨 카드 | 4구 | 5구 | 6구 |

이와 같은 경우에는 여러 가지 상황을 종합하여 잘 판단해야 한다. 일반적으로 하수들일수록 상대가 처음에 A를 오픈시키면 "아, 손 안에 뭔가 페어를 가지고 있는 모양이구나."라며 지극히 당연한 듯 생각해버리지만, 그것은 엄청나게 잘못된 생각이다. 처음에 A를 오픈시킨 사람이 하수라고 가정한다면 "손 안에 페어를 가지고 있다."고 하는 생각이 맞을 수도 있고, 또 그러한 경우가 많은 것이 사실이다. 하지만 처음에 A를 오픈시킨 사람이 어느 정도 이상의 실력을 가지고 있는 사람이라면, 페어(특히 낮은 페어)를 가지고서 A를 처음에 오픈시키는 경우는 거의 없다고 생각해야 한다. 그 이유는 지금껏 이 책에서 계속 설명해왔기에 생략하기로 하겠다.

단 한 가지 예외적인 상황으로 ◆A, ♣A, ♣K와 같은 카드가 들어왔을 때는 ◆A를 오픈하는 것이 유력한 방법이라는 점을 밝혀둔다. (이 부분에 대해 『초이스편』 '어떤 카드를 버릴 것인가' - 〈B〉 4포 이하와 5~6포인 경우의 카드 초이스 방법 CASE 1 참조).

마지막으로 한 가지 유의해야 할 점은 상대가 처음에 A를 오픈시켰다는 것은 어찌 되었건 약간은 특이한 경우이기에, 이와 같은 경우에는 항상 A트리플 출발은 아닌지를 조금은 염두에 두고 관찰하는 것도 습관적으로 몸에 배어 있도록 해야 한다.

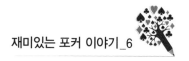

운과 실력

　몇 년 전 끝난 세계포커대회에서 무명의 아마추어가 세계 정상급 프로갬블러를 모두 이기고 챔피언에 등극했던 일이 있었다. 아마추어가 세계 정상의 프로를 이겼다면 이것은 분명히 사건이며 충격적인 일이다. 더구나 게임의 내용까지 프로갬블러를 압도했기에 주위 사람을 놀라게 하기에 충분했다.

　경기 직후 우승자는 "결승에 오른 것만으로도 최고의 영광인데 우승이라니 믿어지지 않는다. 운이 따랐고, 또 내가 아마추어라서 프로들이 봐준 덕분."이라며 겸손해 했고, 준우승에 그친 프로갬블러는 "아마추어라는 게 믿어지지 않을 만큼, 지금 당장 프로에 와도 정상급으로 손색없는 솜씨였다. 나는 실력에서 밀렸다. 진심으로 축하한다."고 자신의 패배를 깨끗하게 승복했다. 대회를 지켜본 필자 역시 우승자에게 운도 따랐지만 실력도 뛰어났다고 느꼈다.

　아무튼 전 세계 포커마니아에게 신선한 충격을 준 이 일은 포커를 잘 아는 사람과 포커대회를 직접 경험한 갬블러에게는 그리 놀라운 사실은 아니다. 다른 종목과 달리 포커에서는 이러한 사건이 자주 일어난다.

어느 게임이든 고수가 반드시 이긴다는 보장이야 없겠지만 특히 정해진 짧은 시간 안에 승부를 내야 하는 포커대회에서는 고수의 승률이 크게 보장되기 어렵다. 대회에서는 약간 무모하고 과감한 플레이가 오히려 좋은 결과를 가져오는 경우가 종종 있기 때문이다. 짧은 시간에 승부를 가려야 한다는 점에서, 지나치게 신중한 플레이를 펼치면 결국 지지는 않아도 중간 정도의 성적으로 상위권 입상이 어려워질 수밖에 없다.

우승이 목표인 대회에서 결승전에 오르지 못하면 중간 성적은 큰 의미가 없다. 그래서 '모 아니면 도' 식의 플레이가 대회에서 만큼은 먹혀들 때가 많다는 얘기다. 이러한 플레이는 실전에서는 너무 위험하기에 사용하면 안 될 방법이지만 대회에서는 다르다.

그렇기에 세계적인 갬블러들이 포커 토너먼트에서 초반에 탈락하는 것은 흔한 일이며, 또 전혀 이상한 일도 아니다. 아무리 포커의 최고수라 해도 한두 판의 승부에서 결정나는 토너먼트에서 매번 이기는 패만 가질 수는 없기 때문이다. 무명의 아마추어에게 몇 번의 행운만 따라 주면 우승은 아니라도 초일류 고수를 탈락시키는 경우가 얼마든지 나온다.

지금까지 포커대회라는 특수 상황을 놓고 말했지만, 실전에서도 짧은 시간에 승부를 가리는 게임에서 하수가 고수를 이길 가능성이 높은 종목 중 하나가 바로 포커다. 이처럼 단기 승부에서 변수가 많다는 점이 포커의 매력이자 어려움이며 또 함정이기도 하다. 하수들이 포커 게임에 대한 미련을 버리지 못하는 가장 큰 이유가 바로 여기에 있다.

하지만 대회와 달리 실전 게임은 짧은 시간에 끝나지 않는다. 그날그날의 게임은 시간이 되면 끝나겠지만, 다음 날도 그 다음 날도 계속 이어지는 게임에서는 결국 실력대로 결과가 나타날 수밖에 없다.

단기전은 한두 번의 운이 승부에 큰 영향을 주지만 장기전에서는 운이 차지하는 비중은 훨씬 떨어진다. 특히 한 번씩 찾아오는 커다란 행운도 실력을 갖춘 사람에게 더 자주 주어지는 선물이라는 점을 명심해야 한다. 고수들일수록 승부처를 감지하는 감각이 훨씬 더 뛰어나기 때문이다. 승부가 걸린 어떤 종류의 게임에서도 자신을 지켜주는 것은 결국 실력뿐라는 사실을 명심, 또 명심해야 한다.

5구에서 카드를 꺾을 줄 알아야
고수가 될 수 있다

이 부분은 앞에서 다루었던 이론이지만, 중요성을 감안하여 간략하게 한 번 더 강조하도록 하겠다.

포커게임을 하는 사람이라면 대한민국 최고의 실력자이든, 포커를 배운 지 며칠 안 되는 초보자이든, 어느 누구를 막론하고 자신에게 돌아올 다음 장의 카드를 보고 싶지 않은 사람은 없다. 하지만 어느 때라도 구별 없이 자신의 다음 카드를 항상 받아보려 한다면 그에 따르는 부담은 엄청나게 커진다.

그러므로 다음 한 장을 더 받아볼 것인가, 아니면 기권할 것인가를 매 판마다 끊임없이 결정해야 한다.

따라서 어떤 상황에서 한 장 더 받아보아야 하는지, 받아볼 가치가 있는지, 또는 어떤 상황에서는 죽어야 하는지, 한 장 더 받아볼 가치가 없는지를 정확하게 선택할 수만 있다면 승률은 상상할 수 없을 정도로 높아질 것이 분명하다.

하지만 100% 정확한 판단을 하여 질 때는 매번 죽고, 이길 때만을 선택하는 것은 현실적으로 불가능하다. 하지만 그 정확성을 조금이라도 높일 수 있는 방법은 있고 우리는 그 방법을 알아보려고 하는 것이다.

물론 포커게임의 상황이 글로는 도저히 표현할 수 없을 정도로 무궁무진하기에, 각각의 모든 상황을 설명하는 것은 불가능하다. 하지만 단 한 가지 절대적으로 명심해야 할 사항은, "자신이 바라는 카드가 6구째에 와서, 바로 승부를 할 수 있을 만한 상황이 아니라면 5구째에 카드를 꺾어야 한다."는 사실이다. 쉽게 얘기해서 6구째에 자신이 원하는 카드가 한 장 오면 하이투페어, 트리플, 또는 메이드가 될 수 있는 상황이라면, 5구째에 죽지 않고서 6구째에 카드를 받아볼 가치가 있다는 뜻이다.

하지만 예를 들어 6구, 7구에 계속 플러시가 와야 하는 상황에서 "6구째 한번 받아보고 안 오면 그 때 죽겠다."라는 식의 어정쩡한 스타일의 게임 운영을 해서는 절대로 안 된다. 이것은,

① 6구에 자신이 원하는 것이 오지 않으면 5구에 콜을 했던 것이 전혀 쓸모없이 보태준 것이다.

② 6구에 자신이 원하는 것이 와서 포플러시가 되었다면 이제는 6구째의 상대방의 모든 베팅을 감수하고서 또 콜을 해야 한다(이 때 상대방들의 6구 레이스가 너무 강한 경우에는 포플러시를 만들어 놓고도 너무 부담이 커서 6구에 콜을 못하는 경우도 비일비재하다).

③ 히든에 플러시를 못 뜨면 5, 6구에서 모진 매를 맞고서 들어간 것이 전혀 쓸모없어진다.

④ 만약에 이와 같이 어렵게 히든에서 플러시를 메이드시켰다고 하여 100% 이길 수 있다고 장담할 수 있는 상황인가?

물론 플러시를 메이드시킬 수 있다면 승산은 어느 정도 이상 보장되는 것이 사실이다.

하지만 그 어려운 확률과 모든 조건들을 감안할 때, 아주 특별한 경우를 제외하고는 6구, 7구를 연속 뜨기를 기대하는 것은 대단히 위험하고 잘못된 게임 운영방법임을 부정하는 사람은 없으리라. 이 이론은 5구째까지의 자신의 카드가 비전 추라이일 때는 절대로 명심해야 한다.

그리고 5구째 자신의 카드가 하이 원페어(또는 낮은 원페어일지라도 나머지 높은 카드가 있을 경우 등등)일 경우에는 일단 '한 장 더 받아보는 것이 정석'이라는 기본 마음가짐을 가지고서(6구째에 하이 투페어가 되면 승산이 있다고 판단될 때), 당시의 여러 가지 상황들을 종합 판단하여 현명하게 대응해 나가는 것이 올바른 방법이다.

'5구째에 카드를 꺾을 줄 아는 것'

이 말의 의미를 깊이 음미하면서 여러분들은 또 한 가지 중요한 사실을 깨달아야 한다. 바로 5구째에 카드를 꺾는다는 것은 실제로 그 판에서는 거의 피해가 없다는 점이다.

바꾸어 말하면 1~2시간 동안 징그럽게 패가 안 떠서 단 한 판도 이기지 못했다 하더라도, 5구째에 계속 카드를 꺾었다면 실로 1~2시간 동안의 피해가 그리 크지 않다는 의미가 된다. 이것은 대단히 중요한 이야기다.

포커게임의 끗발이라는 것이 하루 종일 한두 명의 사람에게만 집중되지 않고 반드시 모든 사람에게 어느 정도의 기회가 주어진다고 보았을 때, 자신에게 패가 안 뜨는 시기를 적은 피해로서 잘 버텨 나갈 수만 있다면 기회가 왔을 때 금방 일어설 수 있다.

하지만 반대로 자신에게 패가 안 뜨는 시기를 슬기롭게 대처하지 못하고 무리한 승부로 큰 피해를 입게 되면, 자신에게 기회가 오더라도 그 피해를 모두 복구하기가 어려워진다.

그랬을 때 결국 악순환이 되풀이되고 승자와 패자의 명암이 확실하게 드러나게 된다. 이것이 바로 "5구에서 카드를 꺾을 줄 알아야 고수가 될 수 있다."는 말의 뒤에 숨어 있는 진정한 의미이다.

 돈을 버릴 줄 알아라

'사람이 돈을 따라다녀서는 안 된다. 돈이 사람을 따라 다니도록 만들어야 한다'라는 옛말이 있다. 들을 때마다 느끼는 거지만 우리의 옛말은 하나도 틀린 것이 없다. 그래서 큰 부자는 하늘이 내린다고 하지 않는가.

필자는 포커에서도 이 말이 예외가 아니라고 생각한다. 돈에 집착하지 않고 돈을 버릴 줄 알아야만 포커게임에서도 한 단계 고수로 올라갈 수 있다는 이야기다.

포커게임을 즐기는 하수들은 거의 똑같은 마음을 가지고 있는 것이 한 가지 있다. 게임 도중에는 씩씩하게 플레이를 하다가 상대가 마지막에 강하게 베팅을 하면 자신이 원하는 것을 못 뜨는 한 거의 죽는다는 점이다.

다시 말해 머릿속으로나 마음속으로 '저건 공갈인 거 같은데…'라고 느끼면서도 하수들은 최후의 순간에 콜을 하고 확인하지 못한다는 공통점이다.

물론 상대가 마지막에 베팅을 했을 때 그것을 공갈이라고 단정할 수 있는 사람은 아무도 없다. 그리고 실제로도 공갈이 아닌 경우가 조금이라도 더 많은 것이 사실이다.

그렇기에 하수가 아닌 중급자 수준 이상의 실력자들일지라도 상대가 마지막에 강한 베팅을 했을 때, 자신이 좋은 카드를 가지고 있지 않는 한 콜을 하고 확인하기란 쉬운 일이 아니다. 또한 필자도 무작정 콜을 하고 확인하라고 주장하는 것은 아니다. 다만 상대가 마지막에 베팅을 했을 때 '왠지 이번은 공갈인 것 같다'라거나, '이번엔 무조건 공갈이야'라는 식의 느낌이 든다면, 그때는 지는 것을 겁내지 말고 자신 있게 콜을 하고 확인해보라는 것이다.

그런데 이 플레이를 하수들은 거의 하지 못한다. 가장 큰 이유가 바로 질 것 같은 상황이기에 돈이 아깝기 때문이다. 앞에서도 언급했듯이 대한민국 어느 곳의 포커게임장을 가보아도 공갈보다는 진 카가 나오는 경우가 훨씬 더 많다. 그렇다면 이것은 누가 보든 질 확률이 높고 돈이 아까운 상황이 분명하다. 그런데 포커게임의 고수들이 그런 플레이를 자주 한다면, 그들은 돈이 아깝지 않기 때문일까? 아니면 상대의 패를 예측하는 능력이 하수보다 뛰어나서일까?

여기서 한 가지 미리 알아두어야 할 아주 중요한 부분이 있다.

만약 여러분이 마지막에 공갈 확인을 했을 때 네 번을 확인하여 그중 한 번만 성공하면 금액상으로는 제로(0)가 된다는 점이다.

쉽게 설명하면 여러분이 100을 투자하여 확인했을 때, 이기면 가지고 오는 배당금은 300이다. 다시 말해 100을 투자해서 300을 벌 수 있다는 것이다.

◆ 하프베팅의 룰

판돈 : 200 → 하프(상대가 베팅한 금액) : 100 = 200 + 100 = 300 (여러분이 이겼을 때 가져올 수 있는 돈)

그렇기에 네 번 확인해서 한 번만 성공하면 본전이 된다. 이렇게 생각해보면 진카가 공갈보다 훨씬 더 많이 나온다는 사실을 인정하더라도 가끔은 시도해볼 수 있는 선택이다. 물론 그렇다고 해서 시도 때도 없이 확인을 해서는 안 된다. 단지 공갈 같다는 느낌이 강하게 온다면 그때는 콜을 하고 확인할 줄도 알아야 한다는 이야기다.

그랬을 때 첫 번째로 필요한 것이 바로 돈을 버릴 줄 아는 마음가짐이다. 다시 말해, '내 생각이 틀려서 이 판에서 돈을 조금 더 잃더라도 지금은 죽어도 확인해야겠어'라는 식의 마음가짐이 때로는 필요하다는 것이다.

그런데 이러한 마음가짐을 가지는 것이 하수들에게는 너무도 어렵다. 그들은 돈을 버릴 줄 모르기 때문이다. 그렇기에 하수들은 똑같은 상황을 하루에 열 번, 스무 번을 맞이해도 항상 그 선택은 정해져 있다.

하지만 포커게임에서 한 단계 더 높은 수준에 오르기 위해서는 앞서 말한 그러한 마음가짐을 반드시 가슴속에 새겨야 한다.

고수들이라고 하여 돈이 아깝지 않거나, 상대의 패를 100% 정확하게 감지하여 확인하는 것은 절대 아니다. 하지만 고수들은 그런 플레이를 할 줄 안다. 돈을 버릴 줄 알기 때문이다.

마지막 베팅에서 상대가 공갈이라 생각될 때 가끔 한 번씩 콜을 하고 확인한다는 것은, 성공하든 실패하든 그 결과와는 별도로 큰 어드밴티지를 여러분에게 선물한다.

그것은 바로 상대들이 '여러분에게 쉽게 공갈을 시도하지 못하게 된다'는 점이다. 즉, 그러한 플레이를 본 후에는 '저 친구는 가끔 확인을 하는 스타일'이라는 인식을 갖게 되어버린다는 것이다. 이렇게 되면 그 이후에는 여러분의 플레이가 좀 더 편안해진다. 이때부터는 상대들이 여러분을 상대로 공갈을 시도하기를 꺼리게 되기 때문이다.

표현은 '돈을 버릴 줄 알아라'라고 했지만 실제로는 여러분에게 많은 가능성과 혜택을 가져다준다는 사실은 따로 말할 필요가 없다.

그렇기에 결정을 하는 순간에 마음이 흔들린다면 그때는 돈을 버린다는 편안한 생각을 가지고 결정하라는 의미다.

'돈을 버릴 줄 알아라'라는 의미는 이외에도 여러 가지가 있다. 간혹 걸려도 좋다는 생각으로 공갈을 시도한다든지, 4구, 5구에서 베팅 위치가 좋을 때는 확실하게 승산이 보장되어 있지는 않아도 비슷한 정도의 승산이 있다고 판단될 때 판을 흔들어본다든지 등등이다.

이처럼 돈을 버린다는 편안한 생각을 가지고 있으면 플레이가 훨씬 매끄러워질 수 있다. 그렇다고 하여 큰 피해를 감수하면서까지 이러한 행동을 일삼는 것은 안 된다. 또한 너무 자주 반복해서도 곤란하다. 게임의 초기부터 어느 정도의 시간까지는 충분히 해볼 만하며 고수가 되기 위해서는 반드시 가져야 하는 마음가짐이기도 하다.

'돈을 쓸 줄 안다'라는 말이 있다. 이 말이 '돈을 버릴 줄 안다'라는 말과 맥락이 비슷하다고 한다면 필자의 억지일까?

여러분이 아까워하지 않고 돈을 버릴 줄 알게 되면 반드시 그 몇 배 이상의 효과가 뒤따른다는 것이 포커게임에서도 변치 않는 진리다.

지금까지 가장 기본적으로 몸에 익혀두어야 할 베팅 방법 가운데 중요한 것들만 정리하여 설명하였다.

포커게임은 베팅의 능력에 의해 승부가 결정난다고 해도 과언이 아닐 정도로, 올바른 베팅 방법을 터득하고 있는 사람은 실전 게임에서 절대로 호락호락 무너지지 않는다. 카드의 올바른 초이스 방법과 기본이론을 정확히 숙지한 상태에서 정확하고 때로는 과감한 베팅기술을 습득한다면 이제 여러분들도 포커판의 실력자가 되어 가는 것이라고 생각해도 좋다.

포커게임에서 지지 않기 위한 최선의 방법이 있다면 그것은 두말할 필요도 없이 포커를 하지 않는 것이다. 하지만 여러 가지 사정과 이유로 간혹은 접하게 되고, 또 어차피 하게 될 게임이라면 조금이라도 올바른 방법을 알고서 게임에 임하는 것이 훨씬 더 피해를 줄이는 길이고, 그 단계가 점점 높아질 때 남들보다 고수의 대열에 들어가게 된다는 것은 너무나 당연한 이야기이다.

포커게임의 승패를 운에 달려 있다고 생각하는 사람은 90% 이상 항상 포커게임에서 가장 먼저 올인을 당하고서 뒷전에서 푸대접받 그렇다면 이제 여러분들도 그 고수처럼 플레이하면 된다. 이해가 되지 않는 부분은 실제로 카드를 펴놓고서 몇 번이고 실습해보면 분명 이해할 수 있다고 필자는 확신한다. 그러면서 여러분들도 어느 사이엔가 고수가 되어가고 있는 것이다.

 ## 안 되는 상대와의 승부를 피해라

포커게임을 하다보면 과학적으로 설명하기 어려운 묘한 징크스라는 것이 생각보다 훨씬 자주 그리고 정확하게 나타나는 점에 대해 필자는 불가사의함을 느낀다.

'이상하게 여기만 오면 안 돼' (장소)
'저 친구하고만 붙으면 깨져' (사람)
'왠지 쟤는 자신 있어' (사람)
'초반에 높은 족보를 잡고도 큰 장사를 못하면 그날은 꼭 박살 난다' (패)
'오늘은 아투만 잡으면 지네' (패)

어느 정도 이상 포커게임을 즐겨온 사람들이라면 거의가 이런 기분을 한두 번씩은 느껴봤으리라 생각한다. 이러한 일종의 징크스라고 있는 사람들이다.

'노름판의 뒷전에 있는 놈은 낳지도 말라'고 한다는데, 왜 별로 어렵지도 않은 노력을 하지 않고서 허구한 날 먼저 올인을 당하고서 뒷전으로 밀려나는 수모를 당하는지 필자는 도무지 이해할 수가 없는 일이다. 물론 포커게임이라는 것이 항상 이 책에 나와 있는 대로만 되는 것은 절대 아니고, 이상하리만치 게임이 잘 안 풀리는 경우도 비일비재하다.

하지만 그렇다고 해서 정석을 무시하고 다른 길을 택하는 것은 훨씬 더 위험하다. 천하의 류현진이라고 하여 처음부터 끝까지 스트라이크만을 던져 모든 타자를 삼진 아웃시킬 수는 없다. 때로는 맞추어 잡기도 하고, 볼로써 헛스윙을 유도하기도 하며, 간혹은 실점하기도 하고, 패배하기도 한다.

사람이 살아가는 일이 그렇듯, 정도를 올바로 알고서 자신의 것으로 소화시킨 후 어떤 결정과 선택을 하는 것과 적당히 주워들은 수박 겉핥기식의 마구잡이 이론에 의해 결정하는 선택은 최후의 결과에서 반드시 차이가 나게 마련이다.

독자 여러분들은 이 책을 숙지한 후 여러분이 포커게임의 고수라고 인정하는 사람의 게임 스타일을 이 책의 이론과 비교하여 잘 관찰해보면 분명히 많은 공통점을 느끼게 될 것이다.

214

는 것은 어찌 보면 아주 허황된 발상이기도 하지만 또 한편으로는 묘한 승부의 흐름이고 피하기 어려운 숙명인 것 같기도 하다.

특히, 일류들 사이에서는 처음 가는 장소에서 두 번을 연속 지게 되면 그곳에는 더 이상 가지 않는다고 하는 말이 불문율처럼 내려오고 있을 정도다. 그래서 이번 단락에서는 게임 운영 외적인, 그러나 게임의 결과에 엄청나게 큰 영향을 주는 천적이라는 징크스에 대해 말하고자 한다.

이것은 오랜 세월 동안 이어진 필자의 경험에서 얻어진 것이기에 과학적인 근거는 없더라도 포커게임을 즐기는 여러분들에게는 그 어떤 이론 못지않게 중요한 이야기이므로 반드시 그 뜻을 새겨두기 바란다.

포커게임에서의 천적이란 크게 세 가지 종류로 나눌 수 있다.

첫째, 언제나 부담스럽고 어려운 상대로서의 천적. 이러한 천적은 달리 표현하면 여러분보다 고수라고 볼 수 있다.

둘째, 실력이 여러분보다 고수가 아닌데 왠지 항상 게임이 잘 안 풀리는 스타일의 천적. 여러분에게 승운이 잘 안 따르는 상대를 의미한다.

셋째, 실력과 전혀 상관없이 그날그날의 게임에서 여러분과 게임이 잘 안 풀리는 스타일의 천적. 즉, 그날그날의 천적을 의미한다.

이렇게 세 가지로 분류했을 때 첫 번째와 두 번째 천적에 대한 해결은 간단하다. 게임을 같이 하지 않으면 된다. 그런데 세 번째 스타일의 천적은 그런 상황하고는 약간 다르다. 이 경우는 게임이 시작되고 나서 시간이 지나면서 점차 알게 되는 것이기에 게임을 안 하면 된다는 식의 해결책을 쓸 수가 없다.

그렇다면 과연 지금 말한 그날그날의 천적이라는 것이 정말 있는 것이며, 만약 있다면 어떻게 대응해야 할까?

이 부분에 대해 필자는 그날그날의 천적은 반드시 있다고 감히 장담한다. 물론 여러분이 5일 동안 게임을 했을 때 그 5일 모두 항상 천적이 있다는 것은 아니다. 하지만 5일간의 게임 중 적어도 2~3일 정도는 그러한 천적이 있을 확률이 상당히 높다. 그리고 이와는 반대로 천적이 아닌 여러분의 밥, 즉 여러분에게 게임이 잘 풀리는 그런 상대도 천적과 마찬가지 비율로 나타났다가 사라지곤 한다.

그랬을 때 여러분이 '이상하게 오늘은 저 사람하고는 게임이 안 되네'라고 느끼는 상대가 있다면 바로 그 순간부터 의도적으로 그 상대와의 승부를 피하라는 것이다. 이것은 초등학생들도 할 수 있는 아주 쉬운 일이다. 그런데 포커게임을 즐기는 거의 대부분의 하수들은 한결같이 그날그날 자신에게 게임이 잘 안 풀리는 천적에게 더욱 강한 적대감과 승부욕을 가지고 씩씩거리고 있으니 필자로서는 도무지 이해하기 어려운 일이다.

천적이라면 그날의 게임에서 이미 여러 번 큰 패배를 당한 상대

216

를 의미한다. 그렇기에 대부분의 하수들이 천적이라 생각하고 승부를 피하기는커녕 오히려 반대로 '너 한 번만 걸려봐. 하루 종일 패가 그렇게 잘 떠'라며 이를 부득부득 갈면서 다른 상대보다 더욱 강한 적개심을 가지게 되는데, 이러한 감정은 필연적으로 무리로 이어질 수밖에 없다.

안 그래도 게임이 잘 안 풀리는 상대인데 무리까지 해가며 승부를 건다면 결과는 좋지 않은 쪽일 확률이 훨씬 더 높다.

당연하지 않겠는가? 평범한 상황에서 정상적인 승부를 해도 게임이 잘 안 풀리는 상대라면 승운이 따르지 않는 것인데, 거기에 무리까지 동반된다면 이것은 중상을 입을 가능성이 농후하다.

그런데 이 너무나도 간단하고 평범한 진리를 거의 대부분의 하수들은 인정하지 않으려 한다. 그러고는 감정만을 앞세운 채 그날그날의 천적에게 더욱더 저돌적이고 공격적으로 대응하려 한다. 이렇게 되면 돌아오는 것은 십중팔구 '올인'이라는 두 글자밖에 없다는 사실을 이제는 깨달아야 한다.

그날그날의 천적을 피한다고 하는 것은 자칫 '넌 그렇게 깨지고 밸(배알)도 없냐'라는 식의 기분을 느낄지도 모르겠으나, 천만의 말씀이다.

승부의 흐름을 제대로 읽을 줄 아는 진정한 고수로서의 면모를 보여주는 것일 뿐, 이에 대해서 비겁하다거나 승부사로서의 기질이 부족하다거나 남자답지 못하다는 식의 이야기를 하는 것은 말도 안되는 소리다.

포커게임은 포카드를 잡고도 장사가 안 될 수도 있고, A투페어를 가지고 엄청나게 큰판을 이길 수도 있는 게임이다. 그리고 이러한 부분은 인력으로 해결할 수 있는 부분이 아니기에 그만큼 포커게임이 어렵다는 것이다.

그날그날의 천적이란 자신과 게임이 가장 잘 안 풀리는 사람을 의미하는데, 굳이 그런 상대를 대상으로 승부를 고집할 이유가 무엇이겠는가? 자존심이라는 감정만 빼면 하등의 이유가 없다고 해도 무방하다.

게임이 잘 안 풀리는 사람을 상대로 승부를 할 때는 여러분이 기가 막힌 공갈 타이밍을 잡아 공갈을 시도해도 그 상대는 패를 떠서 온다. 즉, 못 뜨면 여러분의 공갈이 성공할 상황인데 그럴 때 그 천적은 패를 떠서 여러분에게 또 제동을 건다는 의미다. 또한, 천적이 K원페어, A원페어등으로 4구부터 광분하는데 여러분은 4구에 포플러시, 양방 스트레이트 등으로 출발해도 끝내 안 뜬다는 식이다. 이러한 현상을 가리켜 보통 '사대가 맞지 않는다'라고 표현한다. 그렇다면 아무리 약이 오르더라도 이런 상대를 대상으로 승부를 하기보다는 그날그날 여러분과 승부가 잘 되는 상대와 승부가 걸렸을 때 (이런 상대가 없다면 평범한 상대라도 괜찮다)조금 더 과감하게 승부를 걸어보는 것이 더 현명한 선택이 아니겠는가? 그리고 이러한 선택이 바로 승부의 흐름에 순응하는 길임을 명심해야 한다.

하루에 두 번만 뜨면
대한민국 돈은 전부 내 것

투페어에서 마지막에 어렵게 풀하우스를 만들어 회심의 미소를 지으며 베팅을 했더니 상대는 숨도 안 쉬고 패를 던져버렸다. 알고보니 투페어만 가지고도 이길 수 있었던 상황이었다. 상대방이 포플러시나 양방 스트레이트, 또는 A원페어에서 말랐는데 여러분이 투페어에서 풀하우스를 뜨는 것이 무슨 의미가 있겠는가?

포커게임을 오래 즐기면 즐길수록 메이드를 만드는 것이 얼마나 어려운지를 잘 알게 된다. 더욱이 정말 중요한 찬스에서 좋은 패를 뜨는 것은 하늘이 주는 행운과도 같다는 사실을 절감하게 된다. 그래서 포커게임의 고수들은 '밤새도록 게임을 한다고 가정했을 때, 필요할 때 두 번만 떠준다면 이날은 게임이 잘 풀리는 날'이라고 이야기한다(『운영편』 '게임에서 이기는 법' - 투페어에서 풀하우스를 뜨려는 사람에게는 딸도 주지 말라는데 단락 참조).

그래서 필자가 잘 아는 포커게임의 초일류인 M은 "하룻밤에 두 번만 떠주면 대한민국 돈은 전부 내 것."이라고 할 정도다. 고수들의 하루 게임을 보통 여덟 시간 정도라고 보았을 때, 하루에 두 번이라면 네 시간에 한 번이다. 중요한 찬스에서 원하는 패를 한 번 뜨는 것이 얼마나 어려운지를 잘 알 수 있는 대목이다.

물론, 그렇다고 해서 투페어, 트리플, 포플러시 등에서 밤새도록 두 번밖에 메이드가 안 된다는 뜻은 결코 아니다.

메이드가 되는 것으로만 생각한다면 훨씬 더 횟수가 많은 것이 분명하다. 그렇지만 여기서 말하는 메이드란 진정한 가치가 있는 메이드를 의미한다. 투페어나 트리플만으로도 이길 수 있는 판에서 풀하우스를 뜨는 식의 메이드는 큰 의미가 없다는 이야기다.

진정한 가치가 있는 메이드는 큰 승부가 걸렸고 상대는 스트레이트, 플러시 등의 좋은 카드를 가지고 있을 때, 풀하우스나 탑이 좋은 플러시를 뜨는 것을 말한다. 이러한 메이드가 큰 소득을 올릴 수 있는 진정한 의미의 메이드라는 뜻이다.

이렇게 봤을 때 하루에 두 번만 뜰 수 있다면 그날은 게임이 잘 풀리는 날이라는 말의 의미를 좀 더 정확하게 이해할 수 있으리라.

고수들은 이렇게 어렵게 생각하고 있는 메이드를 하수들은 마치 들어가기만 하면 뜰 것 같다고 하는 황당한 착각에 빠져 있다. 심한 경우에는 포플러시나 하이 투페어를 가지고 죽으면 마치 큰 잘못이라도 저지르는 것처럼 생각하고 있다.

그래서 하수들은 영원히 고수들의 밥에서부터 벗어날 수가 없는

것이다. 진정한 가치가 있는 메이드를 만들기가 얼마나 어려운지를 명심해야 한다.

상대의 스타일과 실력을 파악하는 방법

필자가 '대한민국 어디를 가든 자신 있어!'라며 큰소리를 치던 시기였으니 꽤 오래전의 일이다.

처음 여섯 명이 게임을 했는데 도중에 한 명이 올인되고, 다섯 명이 게임을 하다가 조금 지나 새로운 멤버(M)가 한 명 들어와 다시 여섯 명의 게임이 되었다.

그때까지 같이 게임을 하던 멤버들은 초일류는 아니었지만 나름대로 실력을 가지고 있던 만만치 않은 사람들이었다. 그런데 새로 들어온 M이란 인물은 처음 들어오자마자 말도 안 되는 콜을 남발하고, 도저히 따라갈 수 없는 패로 따라가는 등 엉성한 플레이를 하는 것이 아주 녹록해 보였다. 필자는 속으로, "이건 먼저 줍는 사람이 임자구나."라고 생각하며 회심의 미소를 지었다. 필자뿐만이 아니라 그 테이블에 앉아 있던 모든 사람이 비슷한 기분을 느꼈음에 틀림없다. 그랬으니 M이 들어오기만 하면 판은 심하게 꿀렁거리며 서로가 M을 잡으려고 노리는 상황이었다. 그러기를 30~40분이나 지났을까?

M이 뭔가를 깨달았는지 차츰차츰 말도 안되는 플레이가 줄어들기 시작했다. 그러자 필자를 포함한 모든 멤버들은 '햐, 빨리 먹었어야 했는데…, 벌써 배가 떠난 거 아냐?'라며 아쉬움을 느꼈지만, 그 이후로도 M의 엉성한 플레이는 간간이 이어지며 모든 사람을 즐겁게 해주었다. 그러나 조금 더 시간이 지나면서 M의 말도 안 되는 플레이가 거의 없어졌다. 그리고는 M도 완전히 정신을 차린 듯 점차 정상적인 게임 분위기가 되어가고 있었는데….

그래도 필자와 다른 사람들의 뇌리에는 '얼마 안 가 M이 또 말도 안 되는 플레이를 해서 즐겁게 해줄 것'이라 굳게 믿고 그 찬스를 호시탐탐 노리고 있었다. 그랬으니 M이 들어올 때마다 얕보고 이쪽 저쪽에서 약간은 무리를 동반한 플레이가 나오곤 했다.

그러면서 시간이 계속 지나가고 있었는데, 어느 사이엔가 M 앞으로 조금씩 돈이 쌓여가는 것이었다. 필자는 "자식, 플레이를 엉망으로 하는데도 워낙 패가 붙으니 돈이 들어가네. 조금만 기다려라." 라고 생각하며 M을 계속 만만하게 보고 있었다. 그러나 계속 시간이 지나도 처음에 보이던 M의 엉성한 플레이는 거의 나오지 않았고, 돈은 조금씩 M 앞으로 더 쌓여갔다. 그러고 나서 필자를 포함한 모든 사람이 어? 어? 하며 고개를 갸웃거리는 사이 M은 어느새 여섯 명 중 가장 좋은 성적을 기록하고 있었다. M이 들어오고 나서 네 다섯 시간 정도가 지난 시점이었다. 순간 필자는 '이게 뭐야? 저 자식 정체가 뭐야?'라며 M을 다시 주의 깊게 관찰하기 시작했는데, M은 보통 실력자가 아니었다. 처음의 인상을 지워버린 후 다시 자세히 살펴보자, 보면 볼수록 M은 엉성한 플레이를 하는 듯 하면서도 상당히 힘이 있고 정확한 플레이를 하는 것이었다. 그제야 필자는 '내가 걸려들었구나, 보통 마귀가 아니구나!'라고 느꼈지만 이미 늦은 일이었다.

게임 초반에 보았던 M의 엉성한 플레이 몇 번 때문에 다섯 시간이 넘도록 M의 정체와 실력을 전혀 눈치 채지 못했던 것이다. 필자와 동갑이라 나중에 친구 사이가 된 M은 그 당시 이미 포커게임에서는 전국구 수준으로 통하던 초일류 실력자였다.

이처럼 포커게임의 일류 고수들은 자신의 정체를 드러내지 않으려 하는 것이 보통이다. 물론 시간이 지나며 성적과 함께 실력이 드러날 수밖에 없겠지만, 어찌 되었든 조금이라도 더 자신을 감추려 하는 것만은 일류 고수들의 공통된 생각이다.

필자는 여러 차례에 걸쳐 '대한민국에서 포커를 제일 잘하는 사람은 자신보다 약한 상대와 게임을 하는 사람'이라고 이야기해왔다. 아무리 일류 고수라도 더 출중한 고수를 만나면 질 수밖에 없기 때문이다.

그러나 상대가 자신보다 고수인지 하수인지를 정확하게 체크하는 것이 쉬운 일은 아니다. 청진기를 가슴에 대본다고 해서 이 사람은 몇 급, 이 사람은 몇 단 이런 식으로 진단이 나오는 것이 아니기 때문이다.

그 방법만 알 수 있다면 앞으로 포커게임에서의 앞길이 좀 더 평탄할 수 있을 텐데….

'게임을 시작한 지 한 시간이 지나도록 밥이라고 생각되는 상대를 찾지 못한다면, 그것은 바로 당신이 밥이라는 이야기다'

그래서 포커세계에서 오래전부터 내려오고 있는 이 말은 참으로 모두가 가슴 속에 깊이깊이 새겨두어야 할 명언이다.

그런데 아주 재미있는 사실은 상대의 실력을 감지하는 데 그 수준을 알 수 있는 범위가 자신의 수준까지라는 점이다. 다시 말해 자신보다 수준이 높은 고수의 실력은 정확히 감지할 수가 없다는 의미다. 즉, 자신보다 고수라는 것으로 그 이상은 전부 하나가 돼버린다는 뜻이기도 하다.

예를 들어, 바둑 7급이나 5급을 두는 사람은 상대가 1급이든, 프로 3단이든, 프로 9단이든 그 차이를 정확히 감지할 능력이 없고, 단지 '나보다 고수, 그리고 무지하게 세다'라는 것으로 통일된다는 이야기다. 그렇기에 만약 여러분이 어느 포커 테이블에 앉았는데 상대들의 실력이 감지가 전혀 안 된다면 그들이 아주 하수라서 여러분의 밥이 아닌 한, 모두 여러분보다 고수라고 받아들여야 한다.

바꾸어 말하면 여러분보다 하수들은 여러분이 보기에도 '무슨 저런 말도 안 되는 플레이를 해. 이건 물 반 고기 반이네'라는 감정을 느낄 수 있지만, 그런 종류의 느낌 없이 실력이 감지가 안 된다면 그것은 90% 이상 여러분보다 고수라고 받아들여야 한다는 뜻이다. 그래서 포커 테이블에서는 '내가 상대를 밥으로 보지 못하는 순간, 상대가 나를 밥으로 본다'고 하는 것이다.

'만만한 사람이 한 명도 없네', '한 명 빼놓고는 다 마귀들이네', '이건 완전히 꽃밭이군, 먼저 줍는 사람이 임자네' 이처럼 상대에 대한 나름대로의 진단이 내려지면 그 판에서 계속 게임을 해야 할지 말아야 할지 선택은 바로 결정된다. 그래서 게임이 시작되고 한두 시간 정도가 지나도록 만만해 보이는 상대를 찾지 못한다면, 그것은 바로 그 테이블에서의 가장 만만한 상대가 바로 여러분이라는 사실을 명심해야 한다. 즉, 여러분이 그 테이블의 밥이 된다는 이야기다.

그렇다면 이런 상황에서의 선택은 두말할 필요가 없다. 일분일초라도 빨리 일어서는 것만이 유일한 살길이다. 그리고는 여러분이 만만하게 생각할 수 있는 상대가 있는 판을 찾아 다시 배낭을 꾸려야 한다. 이것은 어찌 보면 치사하고 비겁하게 느껴질지 모르겠으나, 천부당만부당한 생각이다. 여러분이 당구에서 100점의 실력이라면 500점의 실력을 가진 사람과 동등한 조건에서 같이 게임을 하겠는가? 여러분이 7급의 바둑 실력인데 1급과 같은 조건에서 내기 바둑을 두겠는가를 생각해보면 정답이 나온다.

필자의 바둑 실력은 인터넷 바둑에서 5단과 6단을 오르락내리락하고 있으니 2~3급 정도라고 생각한다. 이 정도면 아마추어 수준에선 어디를 가든 상당한 실력으로 인정받는다. 그런데 몇 년 전 필자가 바둑 TV에서 'WPT World Poker Tour'를 해설한 적이 있었다.

바둑 TV다 보니 프로기사들이 즐비함은 물론, 바둑 TV 직원들이나 관계자 등 만나는 사람마다 거의 모두가 필자보다 훨씬 더 고수들이었다. 그래서 나중에는 바둑 TV 내에서 누가 '바둑 둘 줄 아냐?' 하고 물어보면 '그저 둘 줄만 안다'라고 대답했던 기억이 난다. 바둑 TV 내에서 필자의 바둑 실력은 거의 초보자급이었다. 이처럼 상대와 장소에 따라 자신의 실력과 위치는 변할 수밖에 없다.

만약 당구나 바둑에서 많은 실력 차이가 나는데도 동등한 조건에서 게임을 하자고 하면 누구라도 "내가 약 먹었냐?"라며 거절할 것이 분명하다. 실력 차이를 하수 쪽에서 인정하기 때문이다. 그리고 이러한 차이는 어떤 종류의 포커게임에서도 절대 예외가 아니다. 실력 차이가 많이 나는 하수는 고수에게 이길 수가 없다는 뜻이다. 그래서 포커에서는 실력 차이가 너무 많이 나는 사람들 간의 게임을 '치수 구라'라고 표현해 사기도박이라고까지 할 정도며, 실제로 치수 구라로 인한 사고가 심심치 않게 일어나고 있다.

바둑과 당구로 예를 들었듯이, 다른 종목에서는 모두가 고수의 실력을 인정하고 두려워하면서도 유독 포커게임에서만은 고수의 실력을 인정하지도 두려워하지도 않으니 그 이유가 무엇 때문일까?

아마도 포커 게임에서는 어떤 특정인의 실력을 나타내는 기준이 없기 때문이리라. 그리고는 '실력 차이가 어디 있어. 어차피 거기서 거기지, 패 떠먹기야'라는 식으로 큰 의미를 두려고 하지 않으니, 포커 게임이야말로 고수들의 입장에서는 하늘이 준 선물이다.

아마추어 바둑의 정상 수준에 있는 사람이라면 상당한 일류 고수임에 틀림없다. 하지만 이 사람이 이창호, 이세돌 같은 정상급 프로 기사들과 승부를 한다면 이길 수 있겠는가?

그러한 세계 초일류들과의 승부라면 지는 것은 너무도 당연한 일일뿐, 그저 1년에 단 한 판이라도 둘 기회가 있다면 그 자체를 가문의 영광으로 생각하면 된다.

부디 여러분들도 고수와 하수의 특징을 잘 이해하고 파악해 함께 같은 테이블에서 승부를 벌이는 사람들이 여러분보다 고수인지 하수인지를 정확히 판단하고 나서, 게임에 임하든지 그만두든지 결정해야 한다는 사실을 명심하기 바란다.

 ## 게임이 안 될 때는 승부의 흐름을 바꿔라

승부의 흐름이란 참으로 오묘하다. 포커게임을 해본 사람이라면 누구든 느껴 보았겠지만 어떤 때는 트리플, 포플러시 등의 좋은 카드를 가지고 출발해도 메이드 한 번 잡는 것이 하늘의 별따기처럼 어려운 반면, 또 어떤 때는 페어도 없이 출발했는데 풀하우스가 되는 생각지도 않던 행운이 오기도 한다. 즉, 속이 뒤집힐 정도로 패가 안 뜰 때가 있는 반면, 이빨 빠진 스트레이트가 척척 들어맞는다든지, 투페어에서 풀하우스가 쑥쑥 잘 올라온다든지 하는 식으로 어려운 가능성을 뚫고 패가 거짓말처럼 잘 풀리는 경우도 있다는 것이다.

이러한 사실은 포커게임에서 무작정 확률을 맹신하는 것은 위험한 발상이라는 점을 잘 증명해주고 있다. 즉, 포커게임이 확률과 실력에 의해 승패가 좌우되는 게임이라는 점은 분명한 사실이지만 때로는 확률과 실력 이외의 변수에 의해 승패가 갈리는 경우도 무시할 수 없다는 것이다.

'확률과 실력 이외의 변수' 필자는 이것을 순간순간 바뀌는 승부의 흐름이라고 표현하고 싶다.

이 승부의 흐름이란 승패를 좌우하는 우선순위에서 확률과 실력보다도 앞서 있다고 단언한다. 마치 마술사와도 같이 확률도 뒤집어버리고 실력의 차이도 무용지물로 만들어버린다.

그리고 하룻밤에도 몇 번씩이나 이 승부의 흐름이라는 놈은 이쪽저쪽으로 왔다갔다하며 기쁨을 주었다가 슬픔을 주었다가 한다. 우리의 인생도 좋은 때와 나쁜 때가 교차하며 반복되는 것처럼 이러한 현상은 어찌 보면 포커판에서도 피해 나가기 어려운 숙명인지도 모르겠다.

그렇다면 승부의 흐름은 실력이나 노력으로 바꿀 수 있는 것일까? 아니, 바꾸기가 어렵다면 피해 나갈 수라도 있는 것일까?

승부의 흐름은 천기라고 할 수 있다. 따라서 사람의 능력으로 어찌 천기를 바꾸거나 피해 갈 수 있으랴만, 그렇다고 수동적으로 숙명을 기다리기만 한다면 이것도 옳은 방법이라 할 수는 없으리라.

그래서 포커게임에 임하는 대부분의 고수들은 게임이 잘 안 풀릴 때마다 승부의 흐름을 바꾸어 보려는 나름대로의 방법을 가지고 부단한 노력을 기울인다.

하지만 재미있는 사실은 승부의 흐름을 바꾸어 보려고 노력하고 있는 그 고수들조차도 스스로가 그 노력이 과연 효과가 있을지에 대해선 의문을 가진다는 점이다. 그들 역시 천기를 인력으로 바꾸기는 힘들다는 사실을 알고 있으면서도 그 노력을 마다하지 않는다는 것이다.

그 노력이 비록 실제로는 아무런 효과가 없을지언정, 최소한 자신 스스로를 위안하고 다스리는 데는 분명 효과가 있기 때문이다.

그리고 듣기에는 거창할지 몰라도 승부의 흐름을 바꾸어보려 노력한다는 것은 그다지 힘들거나 많은 노력을 필요로 하는 어려운 일이 아니다.

그렇다면 승부의 흐름을 바꾼다는 것이 어떤 것을 의미하는지 한 가지 예를 들어 알아보도록 하자.

지금은 라인계에서 완전히 은퇴하고 사업에만 전념하여 꽤 탄탄한 중견기업의 경영자로서 자리를 잡은 Y씨는 대학시절부터 필자와 함께 '공포의 2인조'라는 닉네임을 가지고 당시 대학 포커계에서 악명을 떨치던 포커맨이었다.

Y씨는 대학을 졸업하고서도 간간이 포커게임을 즐기곤 했는데 그 실력은 프로 포커꾼과 견주어도 손색이 없을 정도였다.

그런데 이렇듯 발군의 기량을 가진 Y씨가 사업을 시작하면서부터는 포커에서 손을 깨끗이 씻고 사업에만 전념하였다. Y씨와 동업(?)을 하던 필자로서는 아쉬운 일이었지만, 사업을 포기하고 함께 포커꾼이 되자고 할 수는 없는 노릇이었다.

Y씨가 사업가의 길을 선택하지 않고 라인계에 계속 남아 있었다면 틀림없이 필자보다 더 뛰어난 고수가 되었으리라 생각한다. 그 정도로 Y씨의 승부사 기질과 승부감각은 탁월했다.

지금 사업가로서 이룩한 Y씨의 큰 성공도 아마 옛날부터 보여주던 발군의 승부사 기질과 승부감각이 있었기에 가능했으리라고 생각해 본다.

이런 Y씨의 재미있는 일화 한 가지를 소개하겠다.

Y씨는 업무상 외국 출장을 자주 다녔는데, 포커를 즐기던 옛 습관을 완전히 버리지 못했기 때문인지 틈나는 대로 카지노에 들러 게임을 즐기곤 하였다. 카지노에서 벌어지는 여러 가지 게임 중 Y씨는 블

랙잭과 포커게임을 좋아했는데 옛날의 명성을 증명이라도 하듯 게임에서의 성적이 아주 좋은 편이었다.

그 중에서도 특히 포커게임에서는 거의 무적에 가까울 정도로 막강한 실력을 과시하였다.

그 덕분에 Y씨는 카지노는 돈을 잃는 곳이라는 일반적인 통념을 깨고 출장비와 체재비, 심지어는 그 이외의 비용까지도 카지노에서 벌어 충당할 정도였다. 그렇다고 해서 Y씨가 100% 승률을 기록하는 것은 아니었지만, 승률이 70~80% 가까이 되었으니 말 그대로 해볼 만한 장사임에 틀림없었다. 이런 Y씨가 하루는 임자를 제대로 만났는지 큰 고생을 하고 있었다.

라스베이거스의 유명한 M 카지노에서 포커게임을 할 때였는데, 이날 따라 Y씨는 초반부터 계속 죽을 쑤며 큰 돈을 잃고 있었다. 처음에는 Y씨도 '하다 보면 깨질 수도 있다. 조금 기다리다 보면 찬스가 오겠지'라며 별다른 의미를 두지 않았다.

그러나 이러한 Y씨의 평상심은 시간이 지나면서 조금씩 무너지기 시작했다.

시간이 지날수록 상대방 중 한 명이 계속 혼자서 돈을 거의 다 싹쓸이하다시피 하고 있었는데, 바로 그 부분에서 Y씨의 심기가 불편해지기 시작한 것이었다. 즉, 한 명이 테이블을 종횡무진으로 휘젓는 모습을 보자 Y씨는 '어? 네가 그렇게 잘해?'라는 묘한 승부욕이 꿈틀거리며 오기가 발동했던 것이다.

그러다 보니 상대를 꺾고 싶다는 의욕이 앞서며 자연 무리를 하게 되었는데 게임은 의도대로 풀려주질 않고 그 사이에 Y씨의 피해액만 점점 커져가고 있었다. 괜한 오기 때문에 자칫 잘못하다가는 Y씨가 스스로 무너져버리는 그런 상황까지 연출될 것 같은 분위기였다.

그러나 백전노장인 Y씨가 그렇게 쉽게 무너질 사람은 아니었다. 시간이 지나도 상황이 반전될 기미는 보이지 않고 오히려 피해가 더욱 늘어가자, Y씨는 감정적으로 표출시킨 자신의 오기가 게임을 더욱 그르치고 있다는 사실을 깨달았다. 그래서 다시 마음을 추스리고 재기를 노리기로 작전을 바꾸었다.

그런데 그날은 Y씨가 도저히 이길 수 없는 날이었는지 아무리 참고 또 참으며 찬스를 기다려도 좀체로 찬스가 오지 않고 상황은 계속 악화되어 갔다. 패가 안 떠도 너무 안 뜨고 있었다.

이렇게 되자 Y씨의 패배는 거의 기정사실인 것처럼 느껴졌다.

예전에도 여러 차례 패했던 경험을 가지고 있었기에 단순히 패배라는 측면에서만 본다면 오늘의 패배가 처음 겪는 일이 아니었지만, 이날은 예전의 패배와는 질이 달랐다. 지금까지 간혹 패했을 때와 비교하여 그 금액이 무려 5~6배에 달할 정도로 참패를 당하고 있었던 것이다.

돈도 돈이었지만 자존심의 문제도 무시할 수 없는 부분이었다. 더구나 상대는 파란 눈의 양키가 아닌가?

아무리 안간힘을 쓰며 전세를 회복해 보려고 해도 뜻대로 되질 않자, 갑자기 Y씨는 고개를 절레절레 흔들며 자리에서 일어섰다. Y씨가 일어서자 대부분의 사람들이 Y씨가 게임을 그만두려는 것으로 보았다. 그런데 Y씨의 생각은 그게 아니었다.

Y씨는 시원한 물을 한 컵 들이키고 난 후 뚜벅뚜벅 걷더니 슬롯머신 기계 쪽으로 향하고 있었다. 그러더니 슬롯머신을 하는 것이었다. 그것도 베팅 금액이 가장 작은 5센트 짜리 기계를 선택한 것이었다.

포커를 해서 5,000$가 넘는 돈을 잃고서, 고작 5센트짜리 슬롯머신을 당기고 있으니 참으로 이해하기 어려운 일이었다.

'아, 오늘은 게임이 안되는 날이구나'라고 생각하며 잃은 돈을 깨끗이 잊고 그대로 카지노를 나온다면 그것 또한 고수의 모습임에 틀림없다. 그러나 그 상황에서 5센트짜리 슬롯머신을 당기고 있다는 것은 왠지 적절치 못한 선택으로 느껴졌다.

그런데 Y씨가 이런 기이한 행동을 했던 의도는 다른 곳에 있었다. Y씨는 잠시 자리를 피해 머리를 식히면서 승부의 흐름을 바꾸어 보려는 생각을 가지고 있었다. 다시 말해 이래도 안 되고, 저래도 안 되니까 최후의 처방으로 승부의 흐름을 바꾸어 보려는 마음을 먹었다는 것이다.

결국 Y씨는 1시간 가까운 시간을 5센트짜리 슬롯머신 기계 앞에서 보낸 후 다시 포커판으로 되돌아왔다. 새로운 기분으로 마음을 가다듬고, '이번에도 안되면 조금만 더 잃고 그만두겠다'라는 편안한 생각을 하면서 자리에 앉았다.

그리고는 제 2 라운드가 시작되었는데…, 2~3판쯤 지났을까?

Y씨의 의도가 적중한 것인지, 아니면 Y씨에게도 패가 뜰 때가 되었기 때문인지 하여튼 거짓말처럼 패가 척척 붙기 시작했다. 마치 손에서 패를 만들어내는 것처럼 보일 정도였다.

Y씨 같은 실력자가 이런 찬스를 놓칠 리가 만무하다. 순식간에 거의 본전선에 육박하고 있었다. 노름이란 원래 땄다가 본전이 되면 잃은 것 같고, 잃었다가 본전이 되면 딴 것 같은 기분이 드는 법이다. 머나먼 이국땅에서 5,000$가 넘는 돈을 잃고 있다가 본전을 찾았으니 기분이 얼마나 좋았겠는가?

Y씨는 '오늘은 정말 용궁 갔다왔구나, 하느님 감사합니다!'라고 속으로 외치며 몹시 흡족해하고 있었다. 그런데 이날의 사건은 여기서 끝나지 않는다.

한번 불붙기 시작한 Y씨의 패는 본전을 다 찾은 이후에도 식을 줄 몰랐다. 말 그대로 '들어가면 뜨는…' 그런 상황이 계속 이어졌다.

나중에는 숫제 Y씨 자신조차도 고개를 갸웃거리며 의아하게 생각할 정도였으니 얼마나 불패가 붙었는지는 여러분의 상상에 맡긴다.

결국 Y씨는 이날 잃었던 5,000$를 모두 찾고도 10,000$가 넘는 큰 돈을 따는 엄청난 기쁨을 맛보았다. 불과 7~8시간 사이에 천당과 지옥을 왔다갔다하며 고통과 희열을 동시에 느꼈지만 그 결과는 상상도 못 한 해피엔딩이었다.

 그렇다면 이다지도 엄청난 변화를 몰고 오며 Y씨를 지옥으로부터 천당으로 끌어올린 그 원동력은 과연 무엇이었을까? 앞서도 얘기했듯이 승부의 흐름을 바꾸어보려고 노력했던 의도가 적중한 것일까? 어차피 그때는 패가 뜨는 시기였기에 도중에 슬롯머신을 하고 오지 않았더라도 똑같은 결과가 나왔을까? 이 부분에 대해서는 아무도 단언할 수 없다.
 하지만 필자라면 그 원동력이 '승부의 흐름을 바꾸려 했던 Y씨의 의도가 적중한 것'이라고 말하고 싶다. 즉, Y씨 스스로도 긴가민가 하는 심정으로 시도했던 '승부의 흐름 바꾸기'−바로 이 조그마한 노력이 Y씨에게 엄청한 행운을 가져다주었다고 굳게 믿는다는 뜻이다.

 그렇다고 해서 승부의 흐름을 바꾼다는 것이 항상 성공으로 이어진다고 주장하는 것은 결코 아니다. 오히려 실패할 때가 더 많다는 것이 올바른 생각일지도 모른다. 그리고 설혹 승부의 흐름을 바꾸려는 시도가 적중하였다 하더라도 Y씨의 경우처럼 이렇게 큰 행운을 가져오는 일은 드물다.

하지만 게임이 잘 안 풀릴 때에는 Y씨와 같은 노력이라도 해보는 것이 아무 일도 하지 않고 그저 수동적으로 기다리기만 하는 것보다야 훨씬 진취적인 생각이 아니겠는가?

실제로 포커게임의 고수들은 대부분 승부의 흐름을 바꾸려는 나름대로의 독특한 취향을 가지고 있다. 예를 들면,

- 카드를 새것으로(또는 다른 것으로) 바꾸어달라고 한다.

- 세수를 하거나 손을 씻고 온다(머리를 감는다, 샤워를 한다).

- 5판이든, 10판이든 패가 좋고 나쁨에 관계없이 계속 죽는다.

- 30분 또는 1시간 정도 게임에서 빠진다.

- 특별한 한두 명과의 승부를 계속 피한다.

- 자리를 바꾼다.

- 게임 종목을 바꾼다.

대략 이런 식이다. 이 외에도 여러 가지 방법이 있지만 지금 얘기한 방법들이 승부의 흐름을 바꾸려 할 때 가장 일반적으로 나타나는 현상들이라고 말할 수 있다.

여러분도 이제부터는 게임이 안 풀린다고 한숨만 내쉬지 말고, 그 어려움을 바꾸어보려는 슬기로운 생각을 가져야 한다. 미로를 헤매다가 출구로 이어지는 길을 만나는 것과 같은 신비로운 경험이 여러분을 기다릴지도 모른다.

라스베이거스에서 게임을 즐기는 법

라스베이거스의 게임은 어떤 식으로 즐겨야 할까?

라스베이거스의 테이블에서 벌어지는 게임에는 여러 종류가 있다. 그리고 그 어떤 종목을 막론하고 플레이어의 승률은 비슷하다.

딜러와의 승률 비교를 했을 때 대략 53 : 47 정도라고 생각하면 큰 무리는 없다.

라스베이거스의 테이블 게임에는 우리가 가장 잘 아는 '블랙잭 BlackJack', '바카라 Baccarat' 외에도 '파이고우 포커 Pai Gow Poker', '렛 잇 라이드 Let It Ride', '쓰리 카드 포커 Three Card Poker', '캐리비안 스터드 Caribbean Stud' 등 간단한 지식으로 재미있게 부담없이 즐길 수 있는 종목이 다양하다.

2~3분 정도 설명을 들으면 쉽게 배울 수 있고, 또 블랙잭이나 바카라보다 재미가 못하지 않은데도 대부분의 사람이 잘 모르기 때문에 해보려는 시도 자체를 하지 않는다(이 종목들에 대한 설명은 나중에 기회가 온다면 알려드리도록 하겠다). 그리고는 가장 승률이 떨어

지는 슬롯머신에서 주야장천 시간을 보내기 일쑤다.

일화 한가지.

몇 년 전 회사 행사로 많은 인원을 데리고 라스베이거스에 간 적이 있다. 일행의 대부분이 라스베이거스에는 처음이었다. 일행은 도착 첫날 필자의 제의로 라스베이거스 최고 호텔인 벨라지오 카지노를 구경하고, 그곳에서 필자는 여러 게임에 대한 소개와 즐기는 요령을 알려 주고 모두 함께 라스베이거스의 야경이나 시설 등을 둘러보려는 계획이었다.

그런데 몇몇 사람이 피곤하다며 숙소로 정한 호텔에서 잠깐 슬롯머신이나 즐기다 일찍 자겠다고 해 그 사람들은 빼놓은 채 벨라지오 호텔로 갔다(이 때가 밤 12시 경이었다).

벨라지오에 간 일행은 호텔과 카지노를 돌아보고 필자로부터 몇몇 게임에 대해 간단한 방법을 배운 뒤 조금씩 게임을 경험해보기로 하였다. 그리고 필자 역시 몇 사람과 함께 게임을 잠깐 즐긴 뒤 계획대로 라스베이거스의 야경과 시설 등을 여기저기 둘러본 후 간단히 요기를 하고 숙소로 돌아왔는데…, 사고가 벌어진 것이었다.

앞서 잠깐 슬롯머신을 하고 일찍 자겠다던 몇몇 일행이 새벽 5시가 넘도록 계속하고 있었고 모두들 표정은 밝지 않았다. 아니나 다를까, 그들의 피해는 생각보다 컸다. 필자가 "테이블 게임을 하면 훨씬 더 재미있고 돈도 별로 안 잃는데 왜 슬롯머신만 했냐?"고 물었더니

이구동성으로 하는 얘기는 "테이블 게임은 전문가들이나 하는 거라는 생각에 주눅이 들어 하기가 어려웠다."는 것이다.

슬롯머신만 5시간 이상 했으니 큰 피해는 당연한 결과였다. 라스베이거스를 잘 아는 사람은 슬롯머신을 그런 식으로 무식(?)하게 하는 사람은 거의 없다. 슬롯머신은 테이블 게임이 잘 안 될 때 머리를 식힌다는 가벼운 기분으로 10~20$ 정도 해보거나 일행을 기다릴 때 잠깐 이 기계 저 기계 왔다갔다 하며 몇 번 당겨보는 것이 일반적인 이용 요령이다.

물론 슬롯머신이라고 항상 지기만 하는 것은 아니고, 반대로 테이블 게임이라고 모두 잘된다는 것은 절대 아니다. 그러나 적어도 테이블 게임은 게임 자체로 재미가 있고 스스로 게임을 운영하는 스릴도 있다. 또 같이 플레이하는 외국인이나 딜러와 함께 부드러운 분위기에서 손짓 발짓을 해가며 대화를 나누는 재미도 있기에 베팅을 크게 하지 않는 한 심각한 피해 없이 게임을 오랫동안 할 수 있다.

라스베이거스에서 벌어지는 어떤 테이블 게임이라도 2~3분만 배우면 쉽게 할 수 있다. 또 스스로 욕심을 부려 크게 베팅하지만 않으면 슬롯머신보다 훨씬 적은 비용으로 오랫동안 즐길 수 있다. 그리고 테이블 게임의 승률 또한 슬롯머신보다 매우 높다는 사실을 명심해야 한다.

게임 중에 딴 돈을 지키는 방법

세계 바둑계의 기성으로 추앙받다가 얼마전 타계한 대만의 오청원 9단은 "지고 있는 바둑을 역전시키기도 힘들지만, 이기고 있는 바둑을 지키는 것은 더 힘들다."라고 말했다.

이 세상의 어떤 경쟁에서든 마찬가지겠지만, 이기고 있는 사람들에게서 나타나는 공통적인 현상은 새로운 분쟁을 만들려 하지 않는다는 점이다.

이것은 당연한 이야기라고 할 수 있다. 이기고 있는 사람의 입장에서는 쓸데없는 사건을 만들어서 승부가 뒤집힐 여지를 만들기보다는 안전한 방향으로 승리를 지키고 싶어 하기 때문이다. 그렇기에 이기고 있는 쪽에서는 가급적이면 분쟁이 될 소지를 없애려고 노력하게 되며 이것은 결국 양보로 이어질 수밖에 없다.

물론 많은 차이로 이기고 있을 때라면 이런 마음가짐은 승리를 지킬 수 있는 유력한 방법이 될 수도 있겠지만, 문제는 그 차이가 별로 크지 않을 경우이다.

다시 말해, 이기고 있는 그 차이가 크지 않을 경우에는 승리를 지키려는 소극적인 마음가짐이 분쟁을 일으키지 않고 양보하는 현상으로 이어져 결국에는 승패가 뒤바뀌는 경우가 참으로 허다하다는 것이다.

그렇다고 해서 이기고 있는 쪽에서 미리 분쟁을 일으키는 것은 더더욱 위험한 일이다.

물러서는 것은 위험하고, 맞받아치는 것도 위험하다고 한다면 과연 승리를 지키는 방법은 무엇인가?

이 부분에 대해 필자는 그 방법은 오직 실력뿐이라고 단언한다.

이창호가 그랬고 이세돌이 그러했듯이 유리한 상황에서 그것을 끝까지 지켜내고, 불리한 상황에서는 승부처를 만들어 뒤집을 수 있는 능력, 이것은 바로 실력이 뒷받침되기에 가능한 일이다.

반대로 실력이 부족한 쪽에서는 이미 상대에게 부담감과 심리적인 압박을 느끼고 있기에 유리한 승리를 지키지 못하고, 불리한 상황에서 역전을 시킬 수가 없는 법이다.

우리 인생의 어떤 경쟁에서든 승리는 바로 실력을 의미한다. 그렇기에 실력을 갖추지 못한 사람이 승리를 끝까지 지켜내는 것은 참으로 어려운 일이다. 그리고 이러한 현상은 포커에서도 똑같이 나타난다.

하수들은 게임 초반이나 도중에 끗발이 붙어 돈을 따고 있더라도 어느 사이엔가 금방 내려가버린다. 다시 말해 자신에게 왔던 승리를 쉽게 날려버린다는 뜻이다.

고수들은 한번 자기 앞에 돈이 쌓이면 좀체로 내려가는 법이 없는데 왜 하수들은 그렇게 쉽게 내려가는 것일까? 그리고 그것을 막으려면 어떻게 해야 할까?

앞서 말했듯이 다른 종류의 경쟁에서는 실력이 뒷받침되지 않으면 승리를 끝까지 유지하는 것이 어렵다고 했지만, 포커에서는 그다지 어렵지 않다.

아니 하수들이 이러한 사실을 모르고 있을 뿐 어찌 보면 아주 간단하다고도 할 수 있다. 그 방법은 바로 보통 때보다 훨씬 더 타이트한 게임 운영을 하는 것이다.

즉, 조금 땄다고 해서 절대로 무리한 콜이나 무리한 승부를 남발하지 말고 웬만한 패를 가지고는 패를 일찍 꺾으면서 평소보다 더욱 타이트한 플레이를 하라는 것이다.

◆ 하수들이 게임 도중에 돈을 좀 따게 되었을 때
  – 자본도 넉넉해졌고,
  – '오늘은 패가 좀 되는구나'라고 생각하며 무리한 플레이와 무리한 콜을
    서슴지 않게 된다.

그러나 바로 이러한 점 때문에 앞에 쌓여 있던 돈이 눈 깜짝할 사이에 빠져 나가버린다는 사실을 깨달아야 한다. 따고 있을 때 무리한 플레이를 하지 않고 더욱 타이트한 운영을 하면 급해지는 쪽은 잃고 있는 사람들이다.

상식적으로 생각해 보아도 따고 있는 사람보다는 잃고 있는 사람이 더 조급해져서 승부를 서두르게 된다는 게 당연한 현상이 아니

겠는가? 결국 시간이 지날수록 잃고 있는 쪽에서 무리수를 남발하며 불리한 승부를 자초하게 되는 것은 정해진 수순이나 마찬가지다.

이렇게 되면 확실한 패가 들어왔을 때 힘 안 들이고 상대의 무리한 플레이를 응징하며 더욱 많은 효과를 얻을 수 있게 되며, 이러한 방법이 큰 승리를 쉽게 챙길 수 있는 좋은 방법 중 한 가지이다.

◆ 따고 있을 때 더욱 타이트한 플레이를 했을 때

– 딴 돈이 금방 내려가지 않는다.

– 상대들을 조급하게 만들어 무리한 플레이를 유발시킨다.

이러한 두 가지 부수효과를 얻을 수 있다는 것이다.

그런데 여기서 한 가지 유의할 점은 타이트한 게임 운영을 한다는 것이 단순히 4구, 5구 또는 6구에 웬만하면 카드를 꺾고 좋은 찬스를 기다리는 것만을 의미하는 것은 아니라는 점이다.

물론 4구, 5구에 일찍 카드를 꺾으면서 상대의 조급함을 이용해 무리한 플레이를 유발하는 것이 타이트한 게임 운영의 대표적인 요령임에는 틀림없다. 하지만 이것 못지않게 중요한 것이 또 한 가지 있다.

바로 처음에 패를 받아 초이스를 할 때부터 달라져야 한다는 점이다. 즉, 초이스에서부터 타이트한 운영이 시작되어야 한다는 이야기다.

그러면 초이스에서부터 타이트한 운영을 해야 한다는 것은 대체 무엇을 의미하는지 예를 들어 알아보도록 하자.

서비스 카드를 받을 경우 처음에 이와 같은 카드가 들어왔다면 어떤 카드를 버리는 것이 올바른 선택일까?

지금과 같은 경우라면 너무나도 좋은 카드이기에 ♣K를 버리든, ◆A를 버리든, ◆7을 버리든 각각의 방법마다 나름대로 장단점이 있다고 할 수 있다. 그렇기에 보통의 경우라면 몇 명이 하는 게임인가를 염두에 둔 후 스스로의 취향에 따라 결정해도 무방할 정도이다.

만약, 필자라면 4포 이하의 게임에서는 ◆A를 버리고, 6포의 게임에서는 ♣K를 버리고, 5포의 게임이라면 그때그때 상황을 봐서 결정하겠다.

하지만 필자의 이런 초이스 방법 역시 100% 올바른 방법이라고 주장하지는 않겠다.

그만큼 지금과 같은 경우는 각각의 초이스 방법이 가지는 장점과 단점을 비교해 보았을 때 그 좋고 나쁨을 단정하기가 어렵기 때문이다.

그렇지만 따고 있어서 타이트한 게임 운영을 하고 싶을 때라면 무조건 ♣K를 버려야 한다.

지금과 같은 상황에서 페어를 가지고 간다는 것은 안전보다 승부에 비중을 두는 초이스 방법이고, 페어를 버리고 플러시 쪽으로 가는 것은 승부보다 안전에 비중을 두는 초이스 방법이기 때문이다.

따라서 ♣K를 버리고 플러시 3장으로 가는 것은 자칫 패기가 부족한 것처럼 보일 수도 있겠으나 타이트한 운영을 할 때에는 반드시 이러한 선택을 할 줄 알아야 한다(이 부분의 자세한 설명은 1권 『초이스편』 참고).

지금과 같은 경우라면 평범한 상황에서는 몇 명이 하는 게임이냐

에 상관없이 무조건 ◆Q를 버리는 것이 정석이다.

그 이유는 Q를 버리고 스트레이트를 노리면 필요한 것이 2장만 들어오면 메이드가 된다. 하지만 만약 ♣6이나 ♥8을 버리고 플러시에 비중을 둔다면 이것은 필요한 카드가 3장이 와야 비로소 메이드가 될 수 있기 때문이다.

포커게임에서 6구, 7구로 갈수록 1장을 더 받아 본다는 것은 엄청난 부담을 안게 된다. 그렇다면 스트레이트든 플러시든 어차피 메이드만 되면 거의 이길 수 있는 패인데 뭐하러 굳이 메이드가 되기 위해서는 3장이 더 들어와야 하는 어려운 길을 택할 필요가 있느냐는 것이다.

물론 메이드가 되었을 경우 끗발의 차이도 전혀 무시할 수는 없다. 하지만 그 부분을 감안하더라도 일반적인 경우라면 지금과 같은 상황에서는 무조건이라고 할 정도로 Q를 버리는 것이 올바른 선택이다.

하지만 따고 있어서 타이트한 운영을 하고 싶을 때라면 얘기가 조금 달라진다.

즉, 이때는 ♣6이나 ♥8을 버리는 선택을 할 수도 있다는 것이다.

이 초이스 방법이 의미하는 것은 처음부터 아예 스트레이트는 노리지도 않고 4구, 5구째에 연속으로 ◆가 떨어져서 포플러시가 되지 않는 한 바로 기권하겠다는 의사 표시이다. 이러한 마음가짐은 평상시라면 지나치게 소극적인 초이스 방법이기에 손가락질 받아 마땅하지만 따고 있어서 타이트한 운영을 하고 싶을 때라면 충분히 가능하고, 또 유력한 방법이 될 수도 있다.

지금과 같은 경우라면 ♠4를 버리는 방법과 ♥8을 버리는 방법 중 한 가지를 선택해야 하는 상황이다.

두 가지 방법이 나름대로 장단점이 있기에, 보통의 경우라면 '몇 명이 하는 게임인가'를 감안하여 선택해야 한다.

하지만 따고 있어서 타이트한 운영을 하고 싶을 때라면 숨도 쉬지 말고 ♠4를 버리고 플러시 쪽으로 시도해 보다가 여의치 않다면 일찍 꺾는 초이스 방법을 택해야 한다.

지금의 이 부분에 대한 이론은 앞의 '5구에서 카드를 꺾을 줄 알아야 고수가 될 수 있다'의 경우와 그 맥이 거의 일치하므로 여기서는 자세한 설명은 생략토록 하겠다.

안 되는 날 무리한 승부를 피해라

　필자는 당구를 즐기는 편이다. 그래서 간혹 가까운 친지들과 당구장에 가곤 하는데 당구 실력은 그야말로 순수 아마추어 수준인 물－200이다. 당구에는 원래부터 소질이 없는 탓인지, 노력이 부족해서인지 대학 2년 때 만든 물－200의 실력을 한계점으로 지금껏 이어지고 있다.

　이렇듯 당구 실력이 비록 물－200이긴 하지만, 필자는 당구를 칠 때마다 항상 약간의 내기를 곁들인다. 그런데 게임을 하다 보면 늘 반복되는 재미있는 현상이 일어난다.

　그것은 필자에게서 나타나는 현상으로 첫 판, 둘째 판 중 한 판을 이기면 그날의 게임은 계속 잘 풀려 나가는데, 첫 두 판 중에 못 이기면 그날은 계속 죽을 쑤는 것이다.

　그래서 그 이유를 곰곰이 생각해 본즉, 일찍 한 판을 이기면 마음에 여유가 생겨 느긋한 플레이를 하지만 초반에 고전을 거듭하게 되면 점차 초조한 마음으로 불안감과 욕심이 생겨 정상적인 플레이를 못 하기 때문이라는 결론을 내렸다.

　약간의 돈이라도 따고 있을 때는 심적으로 여유를 느끼기에 무리한 플레이를 하지 않고 편안한 기분으로 차분하게 게임을 풀어 나가기에 성적이 좋아진다.

하지만 돈을 잃고 있을 때는 마음이 초조해져 계속 큰 점수만을 노리며 무리를 하고, 또 심적으로 불안한 상태이기에 큐미스를 한 다거나 지나치게 어깨에 힘을 넣는다든가 하여 스스로 게임을 망치는 것이었다(물론 이러한 현상이 나타나는 가장 근본적이고 큰 원인은 실력 부족 때문인 것이 틀림없는 사실이다).

그런데 이상한 점은 필자 스스로가 이렇듯 패인을 분석하고 있는데도 그 마음가짐이 쉽게 고쳐지지 않는다는 점이다.

게임을 시작하기 전에는 항상 '오늘은 그러지 말아야지, 마음을 비우고 쳐야지-'라며 다짐하지만 막상 게임이 시작되고 나면 그 현상은 여지없이 반복된다. 그래서 당구를 칠 때마다 필자는 마음을 비운다는 것이 쉬운 것 같으면서도 결코 쉽지 않다는 사실을 새삼 깨닫곤 한다.

물론 필자가 죽어도 이러한 마음가짐을 고쳐야겠다고 결심한다면 고칠 수도 있겠지만, 지금까지는 당구칠 때의 마음가짐을 고쳐보려고 그렇게까지 노력해본 적은 없었다.

당구는 어차피 취미로서 간혹 즐기는 여가활동이고, 또 필자의 성적이 백전백패를 하는 최악의 상태는 아니었기 때문이다.

그러나 여가선용의 의미를 뛰어넘어 그 이상의 의미를 가질 때에는 어떤 종목에서든 좀 전에 언급했던 필자와 같은 마음가짐을 가져서는 절대 안 된다. 그것은 우리의 인생에서나 포커게임에서나 예외

없이 패배로 이어지는 지름길이기 때문이다.

80년대 후반 증권계에서 젊은 재력가로 유명했던 B씨는 필자가 포커계에서 만났던 수많은 사람들 중 잊을 수 없는 인물 가운데 한 사람이다.

필자보다는 3년 연상이었는데, 정상의 수준에 도달한 막강한 실력과 엄청난 재력으로 라인계의 한 시대를 풍미했던 프로 중의 프로였다.

B씨는 옛날부터 "포커는 내 적성에 가장 어울리는 게임"이라고 말하곤 했는데 포커 실력과 재력뿐만이 아니라 인간적인 매력도 갖추어 그리 빼어난 외모를 가지고 있지 못했음에도 가는 곳마다 인기를 몰고 다니던 인물이었다.

필자와는 그 당시 1~2년 정도 가깝게 지냈었으나 그 이후로 연락이 두절되어 지금껏 B씨에 관한 소식을 들은 적이 없어 지금은 어떤 생활을 하고 있는지 자못 궁금하다.

B씨와 필자와의 사이에 얽힌 일화를 하나 소개하겠다.

"올림픽에는 왜 포커게임이 없는 거야?"라며 큰소리를 칠 정도로 B씨는 실력도 있었고, 강한 자신감을 가지고 있었다.

당시는 필자 역시 라인계에 포커꾼으로 명함을 걸어놓은 때이긴 했지만, 아직까지 최고 수준의 전성기에 도달한 것은 아니었다. 반면 B씨는 필자보다 한 수 정도 위의 출중한 고수였다.

어느 날, B씨에게 연락이 왔는데 함께 원정 게임을 하러 가자는 것이었다. 그것도 동패로서 게임을 하자고 하였다.

그러면서 하는 얘기인즉, 어떤 하우스에서 게임을 하기로 했는데 B씨가 자신 외에 한 명을 더 데려가기로 약속을 했는데, 같이 가기로 했던 그 사람이 갑자기 펑크를 내는 바람에 필자에게 연락을 하게 된 것이었다. 필자는 갑작스런 B씨의 얘기를 듣고 적지 아니 망설였다.

첫째, 필자는 원래부터 원정경기를 즐기지 않았으므로

　　이 부분에서 우선 마음이 내키질 않았다.

둘째, B씨와 가까운 사이이긴 했지만 동패로서 게임을 할 정도로

　　서로가 신임을 하고 있는 사이가 아니었다.

필자가 대답을 하지 않고 머뭇거리고 있자 B씨는 몸이 달은 듯 계속해서 필자를 재촉하다가 나중에는 "속는 셈치고 한번 도와주쇼."라며 거의 사정하다시피 매달렸다. 그래서 필자는 B씨 정도의 실력자라면 동패를 해도 큰 위험부담이 없을 것 같았고, 원정경기에 대한 부담 역시도 B씨가 "걱정 말라, 책임지겠다."며 큰소리를 치기에 결국 B씨와 함께 게임을 하러 가기로 결정했다.

약속 장소에서 만나 B씨로부터 몇 가지 참고사항과 상대들에 대해 언질을 받은 뒤 바로 게임 장소로 향했는데, 현장에 도착해 보니 상대들은 모두가 점잖고 좋은 인상들을 가진 사람들이었다.

인상으로만 봐서는 필자와 B씨에게 필적할 만한 실력자들로 보이지는 않았다.

그런데 막상 게임을 시작해보니 처음 느꼈던 인상과는 달리 상대들의 실력은 하나같이 만만치 않았다. 하긴 인상이 좋다고 하여 포커 실력이 약하리라고 판단했던 발상 자체가 필자의 어리석은 생각이다.

그러나 상대들의 실력이 만만치 않다 하더라도 필자가 두려움을 느끼고 있다는 것은 아니었다. 더구나 이날은 천하의 고수인 B씨와 동패를 하고 있는 상황이었기에 두려움 따위를 느낄 필요가 전혀 없었다. 그저 "아주 쉽게 수술이 끝나지는 않겠구나."라는 정도의 느낌이었다는 게 적절한 표현일 것이다.

필자가 이런 기분을 느끼는 가운데 분위기는 서서히 무르익어 가고 있었는데 B씨와 필자는 약속이나 한 듯 초반부터 함께 고전을 거듭하고 있었다.

하지만 게임 초반에 고전하다가 중반, 후반에 들어서면서 전세를 뒤집는 일이 포커판에서 아주 흔한 일이었기에 그다지 신경 쓰거나 염려할 부분은 아니었다.

그런데 2시간, 3시간이 지나가도 이날은 좀체로 패가 풀릴 기미가 보이지 않았다. 더욱이 필자 혼자만 그런 것도 아니고 B씨마저도 필자와 전혀 다를 바 없는 상태가 이어지고 있었다.

오히려 B씨는 필자보다 돈을 더 많이 잃고 있었으니 오히려 필자보다도 패가 더 꼬이고 있는 것 같았다. 하긴 옆에서 보기에도 승부가 걸릴 때마다 B씨에게 지나치다고 할 정도로 불운이 계속되고 있었으니 천하의 B씨라고 한들 특별한 방법이 있을 수가 없었다.

그러자 조금씩 마음이 초조해지기 시작했다. 필자와 B씨가 함께 잃고 있는 돈이 벌써 상당한 수위에 올라 있었으니 필자가 초조함을 느끼는 것도 무리는 아니었다.

상대들의 실력이 결코 B씨나 필자를 압도할 정도는 분명 아니었는데 이상하게도 왠지 이날은 B씨와 필자 모두 마치 패신에라도 홀린 듯 패가 꼬여 지금까지 힘 한번 제대로 못 써보고 있었다.

그러면서 시간은 계속 지나 1~2시간이 또 흐르고 있었는데, B씨와 필자의 피해는 점점 커져 마침내 두 명 모두 올인을 염려해야 하는 상황까지 상태가 악화되었다.

그리고는 얼마 지나지 않아 올인을 당하게 되었는데 묘하게도 필자와 B씨가 동시에 올인을 당했다.

필자는 6구째 A-Q 플러시 메이드였고, B씨는 6구째 J트리플, 상대는 5트리플이었는데 결국 5트리플을 가지고 있던 상대가 히든에서 풀하우스를 건지고 B씨는 풀하우스를 못 떠 필자와 B씨가 동시에 올인을 당하는 최악의 상황이 벌어진 것이다.

막상 올인을 당하자 필자는 한마디로 어이가 없었다.

올인을 당한 그 자체만 놓고 본다면 얼마든지 있을 수 있는 일이었지만 이날의 올인은 보통 때와는 종류가 달랐기 때문이다. 이날은 처음부터 끝날 때까지 단 한 순간도 힘을 제대로 써보지 못한 채 너무도 무기력하게 당한 올인이었기에 충격이 컸다.

특히 필자 혼자가 아니라 천하의 B씨도 함께 거의 비슷한 전철을 밟으며 동시에 올인을 당한 상황이었기에 필자와 B씨는 한동안 아무 말도 없이 황당한 표정을 지으며 서로의 얼굴만을 쳐다보고 있었다. 그러다가 결국 우리는 그 하우스에 있던 꽁지꾼에게 돈을 빌려 게임을 계속하기로 하였다.

사실, 필자는 '가지고 간 돈을 모두 잃으면 빌려서는 하지 않는다'는 신조를 아주 확실하게 지키고 있었지만, 이날만은 그런 굳은 결심조차도 소용없었다. 그만큼 필자는 아쉬움과 흥분, 오기 등을 느끼며 평소의 자제력을 잃고 있었던 것이다.

그런데 여기서 필자로서는 이해하기 힘든 B씨의 행동이 나타났다. 필자는 300만원을 올려놓았는데 B씨는 100만원을 올려놓는 것이 아닌가? (※ 이 부분에 대해 혹자는 '이렇게 되면 필자가 손해 보는 게 아니냐?'라고 할지 모르겠으나 그건 그렇지 않다. 동패라는 것은 어차피 누가 얼마를 더 잃건, 또는 더 따건 간에 게임이 끝난 후 두 사람의 성적을 결산하여 +, -가 된 금액에 대해 정확히 반씩 나누기 때문이다).

순간 필자는 '아니, 지금까지 잃은 게 얼만데 겨우 100만원을 올려놓고 어느 세월에 만회를 하려는 거야?'라고 생각했지만 어쩔 수 없는 일이었다.

아무튼 필자와 B씨가 꽁지꾼에게 돈을 빌려 게임은 다시 시작되었는데 아직까지도 불운이 끝나지 않았는지, 아니면 실력이 부족했기 때문인지 필자는 오랜 시간이 지나기도 전에 300만원을 또 다 잃고 말았다. 그래서 필자는 다시 300만원을 올렸다. 그때까지 B씨는 100만원을 가지고 올인을 당하지 않고 그럭저럭 버티고 있었는데 B씨 역시 패가 안되는 날인지 얼마 안 가 올인을 당하게 되었다.

그런데 B씨는 이번에도 또 100만원만 올려놓는 것이었다.

그때는 이미 게임 시간이 2시간도 채 남지 않은 시점이었기에 필자는 도무지 이해할 수가 없었다. 참다못해 "100씩 올려놓고 언제 반까이 하려고 그럽니까? 넉넉히 올려놓고 승부를 걸어야죠."라고 말하며 불편한 심기를 드러내었다.

그런데도 B씨는 필자를 한 번 흘끗 쳐다보고는 아무런 말없이 100만원만 올려놓은 채 그대로 게임을 시작하였다.

필자는 B씨의 이해 못 할 행동에 답답함을 느꼈지만, 그렇다고 필자가 대신 돈을 올려줄 수도 없는 노릇이었다.

그러면서 게임은 계속 진행되었는데, 이날이 마치 필자와 B씨의 공동 제삿날인 듯 하염없이 나락으로 빠져들고 있었다.

결국 필자는 300만원을, B씨는 100만원을 몇 번씩인가 더 올려놓고도 계속 올인을 당하면서 시간이 되어 게임이 끝났다.

게임이 끝나고 보니 필자와 B씨가 잃은 돈은 참으로 엄청난 금액이었다.

그러나 잃은 돈 못지않게 필자의 심기를 불편하게 만들었던 것은 바로 B씨의 이해할 수 없는 플레이 방식이었다. 게임이 끝나고 나서도 필자는 B씨가 100만원씩 올려놓고 플레이하던 그 행동을 도무지 이해할 수 없다고 느꼈다.

참담한 기분을 느끼며 돌아오는 길에서 필자는 B씨에게 "그 상황에서 100씩 올려놓는 건 좀 심했던 것 아닙니까? 그렇게 해서야 어떻게 복구를 하겠어요?"라고 말하며 노골적으로 불만을 토로했다. 그랬더니 B씨는 "100씩 올려놓아서 그나마 피해가 줄어들었다는 생각은 안 해?"라며 필자에게 반문하듯 말했다. 그 말을 듣는 순간 필자는 갑자기 말문이 막혀버렸다. 그러자 B씨는 "오늘은 도저히 안 되는 날인 것 같더라구. 이형하고 동패를 하는 상황이 아니고 나 혼자 게임을 하는 날이었다면 아마 나는 진작 게임을 그만두었을 거야. 하지만 오늘은 내가 오기 싫어하는 이형을 억지로 끌고 온 거나 마찬가지인데 그 상황에서 게임을 그만두려니 이형 얼굴 볼 면목이 없더라구. 그래서 할 수 없이 게임을 계속했던 거야."

"……."

"오늘 같은 날은 더 해봐야 피해만 늘어날 뿐 복구하기는 어렵다고 생각했기에 그나마 피해를 줄이려고 그랬던 거야. 나도 명색이 승부사인데 그렇게 많이 잃고 있는 상황에서 100만 올려놓고 게임하고 싶었겠어? 나라고 돈이 싫겠어? 나는 500, 1,000씩 올려놓고 하고 싶었다구."라는 것이 아닌가? 그 말을 듣자 갑자기 이상한 기분이 들었다.

그 기분은 여지껏 전혀 몰랐던 새로운 사실을 알게 되는 그런 깨달음 같은 것이었다. 그러고 나서 이어지는 B씨의 말은 필자의 그런 기분을 더욱 확실하게 깨우쳐 주었다.

"노름이란, 안 되는 날은 장사가 없는 법이야. 그건 인력으로 바꿀 수 있는 일이 아니거든. 그러니 안 된다고 느껴지는 날은 한 푼이라도 피해를 줄이는 것이 최선의 방법 아니야? 당신 같은 프로가 아직도 이런 생각을 안 가지고 있단 말이야?"

B씨는 오히려 필자를 이해할 수 없다는 표정을 짓는 것이었다.

그제서야 필자는 B씨의 행동을 이해할 수 있을 것 같았다. 동시에 B씨는 역시 필자보다 훨씬 수준이 높은 고수임을 느꼈다.

이날 이후 B씨의 말은 지금까지 한순간도 필자의 생각 속에서 떠나본 적이 없다. 그 말은 음미해 볼수록 가치가 더욱더 느껴지는 명언 중의 명언이었다.

여러분들이여, 지금의 이 이야기를 거울삼아 게임이 잘 안 되는 날은 필자처럼 무리하게 승부를 돌려보려는 생각을 버리고 한 푼이라도 피해를 줄인다는 B씨의 마음가짐을 본받기 바란다.

그러면 카드가 안 되는 날, 카드가 잘되는 날은 어떤 경우를 말하는 것인지 한번 이해하기 쉽도록 알아보도록 하자.

카드가 안 되는 날의 대표적 특징

- 히든카드에서 역전을 당한다.

- 하이 원페어에서 투페어를 못 떠서 진다.

- 하이 투페어를 가지고 잘 이기질 못한다.

- 5구째 이미 메이드가 되었는데, 6구째 그 메이드를 더 드러내는 카드가
  액면에 떨어져 장사를 망친다.

- 찬스를 잡아 공갈을 시도해도 그때마다 상대방이 바라는 것을 떠서
  공갈이 실패한다.

- 트리플에서 풀하우스를 떠야 할 때는 못 뜨고, 못 떠도 이길 때는 뜬다.

- 포플러시, 양방 스트레이트 등에서 떠서 이길 수 있을 때는 못 뜨고,
  떠도 질 때는 뜬다.

카드가 잘 되는 날의 대표적 특징

- 히든카드에서 역전을 시킨다.

- 빵꾸 스트레이트가 척척 꽂히면서 그 판을 승리로 이끈다.

- 같은 족보를 잡고도 이긴다.
  예) A투페어 vs K투페어, A플러시 vs K플러시 등으로

- 쓸데없이 떠서 더 큰 피해를 보는 판에서는 아예 뜨질 않아 피해를 보지 않는다.

- 공갈이 잘 통한다.

- 그다지 높지 않은 족보로 의외의 큰 승리를 얻는다.

- 초이스가 척척 들어맞는다.

레이즈를 한 판에서
반드시 이겨야 한다는 생각을 버려라

포커게임은 무작정 거칠게 베팅을 하고 판을 흔든다고 해서 반드시 이기는 것도 아니고, 반대로 확실한 패가 아니면 승부하지 않고 끊임없이 기다린다고만 해서 무조건 이길 수도 없다. 헐크처럼 판을 마구 흔드는 것이 승리의 비법이라거나, 좋은 패가 들어올 때까지 기다린다고해서 무조건 이길 수만 있다면 아마도 돈을 잃는 사람은 한 명도 없을 것이다.

포커게임에서 남들보다 조금이라도 좋은 실력을 갖추고, 좋은 승률을 가지기 위한 위치에 서려면 움츠릴 땐 움츠릴 줄 알고, 흔들 땐 흔들 줄 아는 그런 운영 능력을 갖추고 있어야 한다.

그랬을 때 판을 흔들어 베팅을 리드하고, 판의 주도권을 장악할 수 있다면 필승까지는 할 수 없어도 상대들보다 훨씬 유리한 입장에서 좋은 승률을 기록할 수 있다는 것만은 감히 장담한다.

그렇다면 고수들이 그렇게 쉽게 시도 때도 없이 자유자재로 구사하는 레이즈를 왜 하수들은 한 번 하기조차 어려운 것일까?

여기에는 사람에 따라 여러 가지 이유가 있겠지만, 거의 대부분의 하수에게서 찾아볼 수 있는 가장 큰 공통점은 '자신이 레이즈를 한 판은 반드시 먹어야 한다'는 강박관념을 가지고 있다는 점이다. 즉, 하수들은 본인이 확실히 먹을 수 있다고 생각하는 판에서만 레이즈를 하려고 하기 때문이라는 것이다.

그런데 포커게임을 하면서 처음부터 확실히 먹을 수 있는 판이라는 것은 그리 쉽게 만들어지지 않는다. 6구가 오픈된 후나, 마지막 카드까지 모두 받은 상황에서 손 안에 아주 좋은 패를 가지고 있다면 이때는 확실히 먹을 수 있는 판이 틀림없다.

하지만 이때라면 포커게임을 하는 100명이면 100명 거의가 비슷한 생각을 하고, 플레이에 큰 차이가 나지 않는다.

물론 이때도 상황에 따라 어느 정도는 차이가 날 수 있겠지만, 거의 대부분이 어떻게 하면 조금이라도 더 크게 먹을 수 있을까 하는 방법만을 생각하고 나름대로 운영을 한다는 것이다. 그렇기에 이때는 아주 특별한 경우가 아니면 그리 큰 운영의 차이라는 것이 없다.

필자가 지금부터 말하고자 하는 것은 이러한 상황에서의 레이즈를 의미하는 것이 아니다. 승부가 시작되는 게임 초반부에서의 레이즈를 의미한다.

이때는 누구라도 패가 완벽하게 만들어져 있는 경우는 드물기 때문에 서로가 불확실한 상황에서 힘겨루기를 하는 시기다.

그렇기에 이때라면 주고받는 베팅과 레이즈에 의해 자연스럽게 어느 한쪽으로 주도권이 넘어가게 된다. 물론, 주도권이 넘어간다고 해서 이것이 승패와 바로 연결되는 것은 아니지만, 그 판에서 이후의 진행에 적지 않은 영향을 미치게 되는 것은 틀림없는 사실이다.

즉, 주도권을 먼저 장악한 쪽에서 좀 더 편안하게 자신의 의사대로 게임을 할 수 있게 된다는 것이다. 그리고 이것은 어찌 됐든 조금이라도 높은 승률, 효과적인 장사로 이어진다.

게임 초기에 큰돈을 들이지 않고 게임의 주도권을 잡을 수 있는 이러한 레이즈를 하수들이 주저하는 것은 앞에서도 언급했듯이, 하수들은 확실히 먹을 수 있는 판에서만 레이즈를 하려는 경향을 가지고 있는데 4구, 5구 정도의 게임 초기라면 그러한 일은 쉽게 발생하지 않는다.

그러나 이러한 면에서 고수들은 분명 다르다. 그들은 결코 확실한 패를 가지고 있을 때만 레이즈를 하는 것이 아니다. 그들은 마치 재벌 2세인 것처럼 자유자재로 레이즈를 하며 판을 흔든다. 실제로는 재벌 2세와 거리가 먼데도 옆에서 보기에 아주 여유 있고 자연스러운 레이즈를 구사한다.

그렇다면 고수들이 이처럼 게임 초기(4구, 5구)에 여유 있고 자신 있게 레이즈를 휘두를 수 있는 이유는 무엇일까?

그들은 하수들처럼 '레이즈를 한 판은 반드시 먹어야 한다'라는 생각을 처음부터 가지고 있지 않기 때문이다. 다시 말해 고수들은 레이즈의 의미를 여러 가지 방향에서 찾는다는 것이다. 그렇다면 과연 고수들이 초기에 쉼 없이 하는 레이즈에 담긴 여러 가지 의미는 어떤 것들이 있을까?

첫째, 판을 흔드는 의미

둘째, 자신의 패를 상대에게 정확하게 읽히지 않으려는 의미

셋째, 밑밥효과

넷째, 응수타진의 의미

등등 여러 가지 의미가 있겠지만 이것보다 더욱 큰 절대적인 효과는 바로 이러한 네 가지 의미로 인해 자연스럽게 게임의 주도권을 장악하고, 게임을 리드해나갈 수 있는 엄청난 혜택이 따라온다는 점이다. 그러면서 게임은 차츰차츰 고수들의 의도대로 진행돼 나가게 되며, 이것은 또한 높은 승률로 이어진다.

앞서 이야기했듯이 하수들은 반드시 먹어야 한다는 강박관념을 가진 채 레이즈를 하기 때문에 그만큼 어깨가 경직되고 찬스가 드물게 온다.

하지만 이제 여러분은 이런 생각을 떨쳐버려야 한다.

누구라도 돈은 아깝다. 그렇기에 불확실한 상황에서 레이즈를 한다는 것이 선뜻 내키지 않을 수도 있다. 그러나 조금만 더 생각해보면

다른 세상이 보이게 된다. 게임 초기(4구, 5구)에 레이즈를 해서 설령 그 판을 못 먹더라도 '괜히 레이즈해서 더 손해봤네'라는 식의 피해의식을 가지지 말고, 다음을 위한 투자라고 생각하면 된다.

그리고 실제로도 게임 초기에 하는 레이즈는 전체 게임을 생각했을 때 금액상으로 그리 큰 부담이 되지 않는다. 그렇기에 다음을 위한 투자라 생각하면 된다.

게임 초기에 열 번, 스무 번 투자해서 그것이 중반 이후에 한두 번만 성공하면 충분히 만회하고도 남을 수 있다는 이야기다.

추가해서 한가지 덧붙이고 싶은 점은 고수들은 게임 초기(4구, 5구)에는 이렇듯 씩씩하지만 6구에서부터는 확실한 승산이 있다고 생각하지 않는 한 아주 타이트해진다는 사실이다.

이때부터는 한 번 베팅금액의 부담이 적지 않기 때문이다.

그리고 하수들이 게임 초반에 레이즈를 주저하는 데에는 또 한 가지 큰 이유가 있다. 그것은 바로 6구, 7구로 가면서 자신의 패가 완성되지 않으면 4구, 5구에 자신이 판을 키워놓았기에 계속 부담이 커진다는 점이다. 즉, 싸게 한 장 더 볼 수 있는 걸 본인 스스로가 판을 키워 부담을 크게 만들 수도 있다는 걱정이다. 하지만 이것은 그 다음 문제고, 게임 초기에 레이즈를 할 때는 뒤를 미리 생각해서는 안 된다. 그리고 생각할 필요도 없다.

그 반대의 상황도 얼마든지 발생할 수 있고, 부담이 커진다고 해서 여러분만 부담이 커지는 게 아니라 테이블에 앉아 있는 모두에게 적용된다는 점을 잊어서는 안 된다. 여러분이 괴롭고 불안하면 상대역시 비슷하다는 것이다. 그리고 부담이 크다는 것은 바꿔 말하면이겼을 때의 효과가 훨씬 더 크다는 것을 의미한다.

더욱 중요한 사실은 게임 초기에 판을 키워놓아서 6구, 7구 때부담이 너무 커졌다면 이때는 미련을 버리고 포기하면 된다는 점이다.

승산이 없다고 판단되면 굳이 큰 부담을 지고 따라갈 하등의 이유가 없다. 다음 기회를 기다리면 된다.

그리고 또 한 가지 이해하기 어려운 현상은 '하수들은 자신이 레이즈를 하고 나면, 그 다음에 자신이 원하는 패가 들어오지 않아도죽으면 안 된다'라는 식의 이상한 책임의식 비슷한 감정을 가지고있다는 점이다. 그러나 의도적으로 돈을 잃어주기 위한 접대 게임이 아닌 이상, 이러한 하수들의 생각은 참으로 불가사의하다. 게임을 하다보면 "넌 판을 키워놓고 매너도 없이 바로 죽냐."라고 불평하는 소리를 심심치 않게 듣는다. 참으로 황당한 이야기다. 그들의 이야기대로라면 레이즈를 한 사람은 바로 죽어서는 안 된다는 것인데,이게 도대체 어느 나라 법인가? 그렇다면 '레이즈를 한 사람은 패가안 좋아도 죽을 수 없다는 뜻인가', '공갈로 레이즈를 했어도 상대에게 한 번 더 레이즈를 맞았을 때 못 죽는다는 말인가' 애당초 왈가왈부할 가치조차 없는 이야기다.

앞에서도 언급했듯이 레이즈는 자신의 패가 아주 좋을 때만 하는 것이 아니기 때문에 바로 다음에 어떤 상황이 벌어지느냐에 따라 선택이 얼마든지 변할 수 있으며, 또 반드시 변해야 한다. 바로 이러한 점이 포커게임만이 가지고 있는 가장 큰 매력이다. 그렇기에 이 책을 읽는 여러분은 모두가 이후로는 "레이즈를 했다가 그다음 상황이 생각대로 풀리지 않으면 바로 패를 던진다는 편안한 생각을 가지고 항상 자신 있게 레이즈를 하라."고 지금껏 되풀이해서 강조해온 것이다. 그러나 만약 여러분이 아무리 생각해보고 마음을 다지고 또 다져도(지금껏 필자가 강조해온 말을) 실행에 옮길 수 없다면, 여러분의 앞에 놓인 길은 오직 한 가지 밖에 없다.

늘 남의 눈치를 살피며 끌려다니는 게임을 할 수밖에 없는 고통스러운 길이다.

투자를 하지 않고, 또는 위험부담을 안지 않고서 큰 소득을 올리기 어렵다는 것이 인생의 진리임을 부정하는 사람은 없으리라.

포커게임에서 게임 초기에 레이즈를 해서 판을 주도해 나갈 수만 있다면 이것이야말로 적은 투자로 큰 소득을 기대할 수 있는 기막힌 벤처사업임을 이제는 깨달아야 한다.

 ## 히든카드는 없는 것이라 생각해라

6구까지 지고 있는 상황에서 마지막 히든카드를 떠서 역전을 도모하는 운영 방법은 상당히 위험이 큰 방법이다.

물론 6구까지 지고 있어도 승부를 걸 수 있는 상황은 수없이 많으며, 또 그럼으로서 결과가 역전되는 경우도 심심치 않게 일어난다. 하지만 일반적인 경우에는 히든카드를 떠서 역전시키려는 생각은 버려야 한다. 히든카드에서 무리한 시도를 하지 않는다는 것은 6구에서 죽는 것을 의미하며, 6구에서 죽는다는 것은 그 판에서 입는 피해가 아주 적다는 것을 의미한다. 이러한 게임운영이 바로 탄탄한 운영 방법이다.

물론 위험을 덜 감수한다는 것은 그만큼 큰 판을 먹기가 힘들다는 뜻으로도 연결되지만, 상대들의 실력이 어느 정도 이상의 수준에 올라 있지 않은 상태라면 그 부분은 크게 걱정하지 않아도 괜찮다. 그것이 바로 고수와 하수, 80~90%의 승률을 올리는 측과 10~20% 승률밖에는 갖지 못하는 측의 차이이기 때문이다.

'히든카드는 없는 것이라 생각해라'

이 이론은 150여 가지가 넘는 모든 종류의 포커게임에서 똑같이 적용되는 절대적으로 명심해야 할 대단히 중요하고, 중요하고, 또 중요한 이론이다.

그럼 여기서 대표적으로 히든카드를 포기하여야 할 몇 가지 경우를 보기로 하자(항상 거듭되는 이야기지만 배당이 아주 좋은 경우라면 예외임).

6구까지 투페어로, 6구 베팅하고 나갔는데 레이즈를 맞았을 경우

가장 대표적인 케이스이다. 이 경우에는 일단 6구에서 레이즈를 맞았다는 자체로서 일단 6구까지의 상황에서 지고 있는 것이라 봐야 한다. 그렇다면 이기기 위해서는 풀하우스를 떠야 하는 데 그 확률에 기대를 걸지 말라는 이야기다. 이럴 때는 상대가 비록 공갈이라 하더라도 포기하는 것이 올바른 방법이다.

마지막 장을 떠도 상대가 베팅을 하고 나왔을 때 레이즈를 할 수 없는 카드인 경우

쉽게 얘기해서 6구에서 이미 자신은 무엇을 떠도 질 수밖에 없는 상황일지도 모를 때를 말한다. 예를 들어 자신은 6구에 '양방 스트레이트' 또는 '탑이 별로 좋지 않은 포플러시'와 같은 카드를 가지고 있는데, 상대가 액면에 탑이 높은 플러시 같은 모양 3장을 깔아놓고 이미 메이드가 된 것 같은 느낌을 주며 베팅을 강하게 할 경우를 의미한다. 이러한 경우가 바로 쓸데없이 떠서 더 보태주는 경우가 될 가능성이 농후한 전형적인 케이스다.

똑같이 메이드를 잡고 지는 경우라도, '상대방이 마지막에 떠서 지는 것'과 '이미 상대방이 6구에서 메이드가 되어 있는 것'과의 차이는 엄청나다.

자기가 필요로 하는 가장 좋은 패를 떠도 상대방의 액면상 이미 져 있을지도 모르는 상황이라면, 아마도 이런 승부를 좋아하는 사람은 없으리라. 실전의 게임에서는 이러한 실수를 범하는 사람들이 의외로 많이 나타난다.

물론 상대의 패를 항상 액면에 깔려 있는 그대로 인정하고는 게임을 할 수 없기에, 그때그때의 베팅상황과 그 사람의 특성 등을 종합해 판단하여 결정해야 하는 것은 분명한 사실이다. 하지만 떠도 레이즈를 할 수 없는 상황의 승부라면, 그런 승부는 일찍 포기하는 것이 현명한 선택이 아니겠는가?

일반적으로 하수들의 가장 큰 특징은 6구까지는 상대의 패를 인정해주지 않으며, 7구에 가서는 상대의 패를 높게 보아준다는 점이다. 이것은 결국 자기가 마지막에 필요한 카드를 뜰 수 있다는 신념을 가지고 있기에, 상대의 6구까지의 카드가 별게 아니라고 생각하는 것이다. 뜨면 이길 수 있으니까….

그런데 결과는 히든카드에서 거의 자기가 목표로 했던 것을 뜨지 못하기 때문에, 이때는 비로소 상대의 카드가 높아 보이게 된다. 이것이야말로 포커게임을 하는 한 한시라도 빨리 없애버려야 할 아주, 매우, 몹시, 무척, 대단히 나쁜 버릇이다.

보태줄 것 다 보태주고 나서, 그리고 뜨고 싶은 카드 다 떠보려고 시도하고 나서, 나중에 후회해보았자 아무 소용이 없기 때문이다.

272

포커게임을 하는 사람 중에 포플러시에서 플러시를 떠보고 싶지 않은 사람이 어디 있겠으며, 투페어나 트리플에서 풀하우스를 시도해보고 싶지 않은 사람이 어디 있겠는가?

하지만 언제나 변치 않는 진리는 보고 싶은 것을 참고, 한 번이라도 더 가능성이 적은 판을 포기할 줄 알고, 1%라도 자기 쪽의 승산이 높다고 생각될 때 승부할 수 있는 사람일수록 좋은 승률을 가질 수 있다는 사실이다.

같은 카드라 할지라도 베팅위치가 좋지 않을 경우

베팅위치, 이것 역시도 결코 간과하고 넘어가서는 절대로 안 될 중요한 요소이다. 자신의 베팅위치가 어느 쪽이냐에 따라 파생되는 결과의 차이는 하수들의 상상 이상으로 엄청나다.

좋은 베팅위치에 대해서는 '뒤쪽에 있을수록 좋다'는 한 마디면 더 이상의 설명이 필요 없으리라 생각한다.

'히든카드는 없다'고 생각한다고 해서 언제나 못 뜨는 것은 결코 아니다. 그리고 카드는 히든에 떠야 돈이 된다고도 한다. 맞는 얘기다. 하지만 여기서 강조하는 것은, 히든카드에 절대적인 희망과 기대를 가지고 게임에 임하는 스타일은 분명히 쉽게 무너진다는 점이다.

투페어(드문 경우이기도 하지만 트리플도 포함된다), 포플러시 등의 카드를 가지고서 6구에서 아쉬움 없이 카드를 꺾을 수 있을 때 비로소 여러분들도 고수의 대열로 한 걸음 접어들게 된다는 사실을 명심, 또 명심하기 바란다.

안 되는 날 적게 잃는 사람이 진정한 실력자

이것은 참으로 실행에 옮기기 어려운 힘든 이야기이다. 실제로 이러한 수준에까지 올라올 수 있는 사람이라면 아마도 대한민국 어느 곳의 포커게임에서도 절대로 호락호락 당하지 않을 것이라고 필자는 확신한다.

그리고 필자 역시도 아직까지 이러한 사람을 보았던 기억이 손가락에 꼽을 정도밖에 없다. 한 마디로 얘기해서, 포커게임을 하는데 많이 잃고 있는 상황에서 '아 오늘은 정말 패가 꼬이는구나. 오늘 같은 날은 여기서 피해를 줄이고 다음날 만회하자.'라고 판단하면서 돈이 남아 있는데도 일어설 수 있는 사람이라면, 그 사람은 거의 정상수준에 올라 있다고 보아도 절대로 틀린 말이 아니다.

물론 이와 같은 느낌이 있는 날 일어서지 않고 계속하여 만회를 하는 경우도 있지만, 거의 대부분의 경우 시간이 지날수록 피해가 점점 더 커지는 것이 보통이다.

그것은 어찌 보면 당연한 결과이다. 왜냐하면 '오늘은 왠지 패가 엄청나게 꼬인다'라고 느껴질 정도라면 이미 많이 잃고 있는 상태이며, 또 그럼으로 해서 자연적으로 평소보다 조금이라도 더 무리를 하게 되고, 판단력마저도 많이 흐트러져 있는 상황인 것이 불을 보듯 뻔하기 때문이다.

포커게임을 하다 보면 우리는 '마지막 5판', '마지막 3판', '마지막한 턴' 등의 이야기를 참으로 많이 듣는다.

그런데 이 마지막 5판에서 하수들일수록(그 때까지 자신이 어느 정도 이상 잃고 있는 상황이라면) 말도 안 되는 무리한 승부를 시도하며 그나마 남아 있던 모든 것을 잃어버리는 경우가 참으로 많다.

그 당시 잃고 있는 하수들의 심정은 '에이, 다 잃었는데 이거 남겨가면 뭐 해'라며 자신에게 남아 있던 모든 것을 말도 안되는 확률에 걸어 다 없애버리고서 판이 끝난 후 '차비 좀 달라'며 비참하고 비굴한 모습을 보이곤 한다.

한치 앞을 못 내다보는 어리석은 짓이다. 이후로는 절대로 마지막 한 판이라 할지라도 가능성이 없는 패로써 돈을 버리는 행동은 절대 안 된다.

그렇다. 그것이야말로 돈을 버리는 것이나 다름없다. 고수들은 이러한 면에서도 분명히 다르다. 그들은 마지막 순간이라 하여 절대 자포자기식의 행동은 하지 않는다.

하지만 어느 정도 이상의 실력을 갖춘 고수라 할지라도 적게 잃고서 과감하게 일어서기는 참으로 어렵다.

포커게임의 명언에도 '안 되는 날은 새가슴이 되어야 한다'는 말이 있듯이, 잘 풀리지 않고 왠지 패가 꼬이는 것 같은 날에는 가능하면 승부를 피하고, 반대로 자신의 의도대로 척척 풀려 나가는 날에는 승부를 피하지 않고서 맞대응해 나가는 전략을 세우는 것이 바람직하다. 예를 들어서 '오늘은 ○○ 정도 잃으면 그만둔다'라는 자기 스스로의 굳은 결심을 가지고서 게임에 임하는 것도 좋은 방법이라고 할 수 있다.

'안 되는 날 적게 잃는 사람이 진정한 실력자' 이 말의 진정한 의미에 대해서는 '게임이 안 되는 날은 천하 없는 고수라 할지라도 일분일초라도 빨리 일어서는 것만이 유일한 선택'이라는 말로 대신하고 더 이상 언급하지 않겠다.

35년이 훨씬 넘는 오랜 세월 동안 오직 포커 한 가지 외길로만 달려왔던 필자에게 이 말은 가장 지키기 어려웠지만, 가장 힘이 되었고, 또 가장 좋아했던 말이다. 동시에 모든 독자 여러분들에게 가장 해주고 싶은 말이기도 하다.

마지막으로 이 말을 독자 여러분들에게 전하며, 모든 이론 설명을 끝마치도록 하겠다. 여러분들의 건투를 빈다.

지금까지 수많은 이론들을 설명해왔지만 지면 관계상 담지 못한 여러 가지 이론들이 남아 있어 아쉬움이 크다. 그리고 또 지면으로밖에는 달리 설명할 방법이 없어 보다 더 이해하기 쉽고 좀 더 상세하게 설명하지 못한 점이 유감스럽다.

하지만 나름대로 여러분들이 반드시 알아두어야 할 중요한 이론들만은 한 가지도 빠뜨리지 않으려고 처음부터 마지막까지 최선을 다했다는 것만은 자신 있게 말할 수 있다.

그렇기에 다소 미흡하고 부족한 부분이 있더라도 여러분들의 이해를 바랄 뿐이며, 만약 다음 기회가 또 온다면 그 때는 보다 더 상세하고 좋은 내용으로서 많은 이론을 여러분에게 알려줄 것을 약속한다.

포커게임이란 아무리 실력이 뛰어난 고수라 할지라도 백전백승할 수 없다. 특히 상대들의 실력이 어느 정도 이상이라면 어느 누구라도 승리를 장담하기는 어려운 것이 사실이다. 그렇기에 승률을 단지 1%라도 높이기 위해 우리는 지금껏 머리 아프고 복잡한 이 책을 읽고 이해하려고 노력했던 것이다.

여기에 또 한 가지 부인할 수 없는 사실은, 포커게임을 하는 사람들 간의 실력차이가 크지 않을 경우에는 약간의 운도 반드시 작용한다는 사실이다.

바꾸어 말해 정석 플레이가 오히려 해가 될 수도 있으며, 말도 안되는 무리한 플레이가 경우에 따라 큰 이득을 가져다줄 수도 있다는 뜻이다. 이러한 것이 바로 그날그날의 운 또는 재수라고 표현할 수 있는 부분이다.

'정석이 아닌, 말도 안 되는 무리수가 더 큰 이득을 가져다 줄 수도 있다'는 점이 바로 포커게임의 가장 큰 어려움이자 매력이다.

그렇기에 아무리 고수라 할지라도 80~90%에 가까운 승률을 가질 수는 있어도 그 이상의 승률은(상대가 어느 정도의 기본실력 이상을 가지고 있다면) 현실적으로 어렵다. 상당한 수준에 올라 있는 고수들이 이렇다고 할 때, 웬만한 수준에 있는 사람들의 승률은 그보다 훨씬 더 낮아질 것은 뻔한 이야기이다.

그러나 올바른 정석 플레이로 한두 번 피해를 보는 경우가 생기고, 변칙적인 무리한 플레이로 간혹 성과를 올리는 경우가 있다고 하더라도, 재수나 운이라는 것이 늘 좋을 수는 없기에 결국 올바른 정석을 선택하는 것이 훨씬 더 높은 승률을 보장한다는 것만은 누구도 부정할 수 없는 틀림없는 사실이다.

이 책을 읽는 여러분들이 어느 정도의 수준까지 갈 수 있을지는 단언할 수 없지만, 최소한 항상 올인을 당하고서 비참함을 느끼는 상황은 줄여줄 것이며, 여태껏 포커게임을 할 때마다 10의 피해가 있었는데 이 책을 읽은 후로 그 피해가 2~3 정도로만 줄어들 수 있어도 그 성과는 엄청난 것이라고 생각한다. 그리고 그렇게 되리라고 확신한다.

가장 무서운 적은 바로 자기 자신

필자는 지금껏 30년이 넘는 세월을 포커와 함께 지내며 수없이 많은 사람을 만났다.

사회적 유명인사, 인기 스포츠맨, 영화배우, 연예인, 그리고 매너가 좋은 사람과 그렇지 못한 사람, 게임을 아주 잘하던 사람과 못하던 사람 등 참으로 헤아리기 힘들 만큼 많은 사람들 중 여전히 필자의 기억에 또렷이 남아있는 한 사람이 바로 부산의 H씨다.

H씨는 갬블 그 자체가 직업이라 할 만큼 포커, 고스톱, 바둑, 장기, 마작, 체스, 경마 등등 모든 종류의 갬블과 게임에 능통했다. 그래서 H씨는 항상 "만약 노름 10종 경기가 있다면 우승은 무조건 내 것."이라며 호언장담하던 사람이기도 했다.

특히 포커 실력만은 자타가 공인하던 대한민국 1번 타자로 전혀 손색이 없었다. H씨의 전성기 때는 포커게임계에서 H씨에게 서로 뒷돈을 대겠다는 사람들 간에 싸움이 벌어지곤 할 정도였고 실제로 H씨는 발군의 성적으로 그들의 기대에 부응하곤 했다.

한때는 H씨를 이기기 위해 미국의 일류 갬블러가 온 적이 있다. 그러나 그 역시 H씨의 상대는 아니었던 듯 몇 차례의 참담한 패배 뒤에 백기를 들고 떠난 일화는 지금까지 전해오는 유명한 얘기다. 이밖에 H씨가 보여준 절묘한 승부감각과 명승부는 헤아리기가 힘들 정도로 많았다.

이렇듯 천하무적이다 보니 시간이 지날수록 점점 게임을 하기가 어려워졌다. 상대들이 H씨를 피하기 시작했던 것이다. 하지만 H씨는 전혀 신경 쓰지 않았다. 그의 주변에는 사람과 돈이 항상 넉넉했기 때문이다.

그러나 게임을 하는 횟수가 줄어들면서 H씨는 점점 나태해지기 시작했다. 미혼이었기에 게임을 해서 벌어들인 돈을 모으려는 생각은 전혀 하지 않은 채, 번 돈을 모두 탕진하며 지냈다. 갬블에서 번 돈을 모은다는 것이 일반 사람에게는 어려운 일일 수 있겠지만 갬블을 직업으로 하는 승부사라면 분명히 갖추어야 할 점이다.

아무튼 승부사가 승부의 장소에서 오래 떨어져 있고, 자기 관리를 게을리 하면 동물적인 감각은 무뎌질 수밖에 없다. 특히 바늘 끝 같은 찰나에 결정되는 일류들의 승부에서 체력은 아주 중요한 부분이다. 결국 H씨는 감각과 체력이 떨어지며 가끔씩 참가하는 게임에서도 패배하는 경우가 잦아졌다. 그러기를 1~2년….

이때라도 H씨가 새로 각오를 다지고 심기일전 했다면 예전 기량으로 미루어 충분히 재기할 수 있었으리라 생각한다. 그러나 H씨는 하늘이 내려준 승부사 기질과 감각은 있었지만 자기 자신을 컨트롤

하고 자제하는 능력은 없었다.

차츰 패배의 빈도수가 잦아지며 주변 사람들도 떠나기 시작했다. 동시에 자금 사정이 악화되어갔고 H씨는 점점 어려운 처지에 놓이게 됐다. 배운 것이라곤 갬블밖에 없었으니 헤어날 길 역시 갬블뿐이었는데 성적은 계속 곤두박질치며 대한민국 1번타자 H씨의 아성은 무너져가고 있었다. 결국 오래지않아 몸과 마음에 큰 상처를 입고 많은 빚을 진 채 무대 뒤편으로 사라졌다.

H씨의 가장 큰 적은 바로 자신이었고 자기 자신에게 진 것이었다. 가장 무서운 적이 바로 자기 자신이었으며, 자신을 파멸의 구렁텅이로 밀어넣은 것도 자기 자신이었던 것이다.

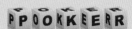

☑ 무조건 버려야 할 마음가짐

☑ 땄다가 나가면 잃은 걸로 생각하는 것

– 포커를 하는 모든 사람의 불치병이다. 이런 생각을 가지고 있으면 하염없이 따야만 한다. 그러나 그것은 불가능하고, 땄다가 조금 나가게 되면 잃은 걸로 생각하며 스스로 뚜껑을 열고 무리를 자초하는 마음가짐이야말로 버려야 할 제1번 사항이다.

☑ 그날 잃은 건 그날 찾아야 한다는 것

– 하수들일수록 그날 잃은 건 무조건 그날 찾아야 한다는 사명감을 강하게 가지고 있다. 마치 그날이 지구의 마지막 날이거나 그날 이후 포커게임을 영원히 하지 않을 사람처럼 무리를 자초하며 스스로 무덤을 파고 있다.

☑ 특정 상대에게 사감을 가지는 것

– 지나치게 꿀렁거리거나, 콧구멍을 심하게 파는 상대, 또는 본인이 계속 패배하는 상대에게 안 좋은 감정을 가지는 일은 흔하게 나타난다. 하지만 사감을 가지는 것은 승부를 할 때 필연적으로 무리를 동반하며 불리한 승부를 스스로 자초한다는 사실을 명심해야 한다.

☑ 조금 따면 빨리 일어서려는 것

– 하급, 중급자들은 조금만 돈을 따면 엉덩이가 들썩들썩한다. 일당을 벌었으니까 빨리 일어서고 싶은 것이다. 반대로 잃게 되면 약속도 취소하고 안 일

어서려 한다. 본전 생각 때문이다. 이러한 사람들이야말로 적게 따고 많이 잃는 하수들의 전형이다.

☑ 상대의 플레이를 부러워하는 것

– 거의 대부분 본인은 베트콩 스타일인데 좋은 성적을 내는 람보 스타일을 보면 부러워하며, 자신 고유의 스타일마저 흔들리면서 무너지는 경우가 너무도 많다. 그러나 그것은 상대의 운영스타일 일뿐, 여러분과는 전혀 상관없는 부분이다. 아무리 좋은 약도 몸에 맞아야 효과가 있는 것이다.

☑ 전날의 결과를 계속 생각하는 것

– 전날의 결과를 머릿속에 두고 게임 테이블에 앉는 것은 좋지 않은 영향을 주므로 금물이다. 전날 많이 잃었으면 그 부담이 테이블에 앉자마자 생기고, 전 날 많이 땄으면 자칫 마음이 느슨해져 헤픈 플레이로 이어질 수 있기 때문이다.

☑ 상대를 얕보는 것

– 성적이 나쁠 때는 안 그렇다가 성적이 좋아지기 시작하며 나타나는 중급자들의 전형적 현상으로 멋을 부린다, 까분다, 떼를 쓴다는 식으로 표현한다. 자신감이 생기면서 교만한 마음을 가지는 것인데 여러분의 포커 인생을 몹시 힘들게 만들 암적인 존재임을 잊어서는 안 된다.

☑ 상대를 두려워하는 것

– 고수가 되기 위한 절체절명의 요소 중 하나가 게임을 리드하고 이끌어 나가야 하는 점인데, 상대를 두려워하면 눈치를 보며 끌려다니게 된다. 자신의 플레이를 못하고 끌려다닐 바에는 게임을 하지 말아야 한다. 상대를 두려워하는 것은 이미 반 이상 져있는 것이기 때문이다.

☑ 들어갔으면 먹었는데… 후회하는 것

– 사람인 이상 누구라도 100% 정확한 선택만 할 수는 없는 법이다. 그런데 많은 사람들이 "들어갔으면 떴는데…"라며 지난 결과에 아쉬워하고 후회한다. 자신의 플레이에 믿음과 자신감 없는 것으로 선택을 할 때마다 흔들리게 되므로 지나간 결과에는 미련을 버려야 한다.

☑ 패배를 당연하게 받아들이는 것

– 포커게임에서 패배하는 많은 사람들이 자신도 모르는 사이에 패배에 길들여져 있어 자심의 패배를 이미 정해진 수순처럼 받아들인다. 그러나 이런 의식이야말로 너무도 위험하고 안일한 마음가짐이다. 패했을 때 고통, 원통함을 느껴야 비로소 발전이 시작되는 것이다.

☑ 게임이 안 되는 날의 대표적 현상

☑ 좋은 패를 잡아도 장사가 안 된다

☑ A(K)원페어에서 이길 때는 못 뜨고 질 때는 뜬다

☑ 찬스에서 포플, 양방 안 뜬다(4구 포플, 양방)

☑ 공갈을 시도하면 상대가 떠서 확인한다

☑ 투페어(트리플)에서 안 떠도 될 때는 뜬다

☑ 죽으면 뜬다

☑ 떠서 더 큰 피해를 입는다

☑ 초이스가 빗나간다

☑ 히든에 역전을 당한다

☑ 하이투페어 – 작은 판은 이기고 큰 승부가 되면 진다

> ### ☑ 결론
> – 위의 현상 많을수록 1분 1초라도 빨리 일어서야 하는 날

☑️ 꿈에서도 잊지 말아야 할
필승전략 7가지

지금 여러분들에게 말씀드리고자 하는 것은 상황에 따라 완전히 다른 게임을 하는 것이나 마찬가지로 받아들여야 하는 경우가 생각보다 많고, 또 그에 따라 운영이나 대응이 180도 달라져야 한다는 것이다. 그런데 거의 모든 하수들이 전혀 신경 쓰지 않고 언제나 한결같이 똑같은 대응으로 일관하기에 성적이 나쁠 수밖에 없다.

그럼 완전히 다른 게임이 되는 경우란 과연 어떤 경우인지 알아보자.

〈완전히 다른 게임이 되는 경우〉

☑️ 상대 스타일에 따라

상대가 람보 스타일이냐, 베트콩 스타일이냐에 따라 게임의 분위기가 전혀 바뀌므로 여러분의 대응 역시 완전히 달라져야 한다.

☑️ 자금 상황에 따라

여러분과 승부를 하게 될 상대의 자금 상황이 어떤지 체크하고 그에 따라 대응해야 함은 기본 중의 또 기본 의무사항이다.

☑️ 몇 명의 게임이냐에 따라

플레이어의 수가 몇 명이냐에 따라 초이스에서부터 달라져야 하고 승부할 수 있는 족보 역시 바뀐다. 즉, 닭 잡는데 소 잡는 칼 필요 없다는 것이다.

☑ 상대가 고수냐, 하수냐에 따라

승부를 거는 방법이 달라져야 하며, 특히 공갈을 시도하거나 체포하려고 할 때 반드시 상대의 실력을 감안하여 대응해야 한다.

☑ 상대와의 감정 상태에 따라

방금 전까지 어떤 상황이 있었는지 즉, 여러분이나 상대 중 누군가가 뚜껑이 열려있는 상황이라면 그 상황에 적절한 대응을 해야 한다.

☑ 베팅 위치에 따라

라스베이거스에서는 베팅 위치의 앞이냐, 뒤냐에 따라 패의 가치가 30% 이상 차이가 난다고 할 정도다. 좋은 베팅 위치에서 승부하는 운영을 습관화해라.

☑ 게임 흐름에 따라

게임이 잘 될 때는 있는 약속을 취소하고라도 계속하고, 안될 때는 1분 1초라도 빨리 자리에서 일어서라.